PETER WEICHHART

RAUMBEZOGENE IDENTITÄT

ERDKUNDLICHES WISSEN

SCHRIFTENREIHE FÜR FORSCHUNG UND PRAXIS
HERAUSGEGEBEN VON EMIL MEYNEN
IN VERBINDUNG MIT
GERD KOHLHEPP UND ADOLF LEIDLMAIR

HEFT 102

FRANZ STEINER VERLAG STUTTGART
1990

PETER WEICHHART

RAUMBEZOGENE IDENTITÄT

BAUSTEINE ZU EINER THEORIE
RÄUMLICH-SOZIALER
KOGNITION UND IDENTIFIKATION

FRANZ STEINER VERLAG STUTTGART
1990

CIP-Titelaufnahme der Deutschen Bibliothek
Weichhart, Peter:
Raumbezogene Identität : Bausteine zu einer Theorie räumlich-sozialer Kognition und Identifikation / Peter Weichhart . -
Stuttgart : Steiner, 1990
 (Erdkundliches Wissen ; H. 102)
 ISBN 3-515-05701-3
NE: GT

Jede Verwertung des Werkes außerhalb der Grenzen des Urheberrechtsgesetzes ist unzulässig und strafbar. Dies gilt insbesondere für Übersetzung, Nachdruck, Mikroverfilmung oder vergleichbare Verfahren sowie für die Speicherung in Datenverarbeitungsanlagen.© 1990 by Franz Steiner Verlag Wiesbaden GmbH, Sitz Stuttgart.
Druck: Druckerei Peter Proff, Eurasburg.
Printed in the Fed. Rep. of Germany

VORWORT

In Zusammenhang mit der "postmodernen" Wiederentdeckung des Heimatphänomens beginnt sich auch die Geographie mit Fragen der territorialen Bindungen des Menschen zu beschäftigen. An dieser "geographischen Regionalbewußtseinsforschung" hat sich eine sehr kritische innerfachliche Auseinandersetzung entzündet, die allerdings nicht in ausreichendem Maße auf parallele Entwicklungen in den Nachbarwissenschaften eingeht. Mit dem vorliegenden Beitrag soll der Versuch unternommen werden, für diese Diskussion eine tragfähigere theoretische Basis bereitzustellen. Dazu war es notwendig, eine einigermaßen systematische Zusammenschau unterschiedlicher theoretischer Ansätze aus verschiedenen Sozial- und Humanwissenschaften anzustreben, bei der sowohl die kognitiven als auch die emotionalen und auf das "Selbst-Konzept" bezogenen Aspekte räumlicher Bindungen zu berücksichtigen waren.

Der vorliegende Text entstand aus der Überarbeitung eines Vortrags, den ich im Februar 1989 im Rahmen einer Tagung des Arbeitskreises "Regionalbewußtsein" (im Zentralausschuß für deutsche Landeskunde) in Darmstadt gehalten habe und der von diesem Gremium eher kritisch und kontrovers aufgenommen wurde. Ursprünglich war nur ein Artikel für eine Fachzeitschrift geplant. Das fertige Manuskript hatte dann aber ein sehr "unpraktisches" Format: für einen Zeitschriftenbeitrag viel zu umfangreich, für eine Buchveröffentlichung aber eigentlich doch zu kurz.

Umsomehr habe ich den Herausgebern zu danken, daß sie diesen Text dennoch in die zurecht sehr renommierte Reihe "Erdkundliches Wissen" aufgenommen haben.

Eine größere Zahl von Kollegen aus dem Fach Geographie und aus den Nachbardisziplinen Psychologie, Soziologie und Sprachwissenschaft haben die Zumutung über sich ergehen lassen, eine (im Februar 1990 fertiggestellte) erste Version des vorliegenden Textes einer kritischen Vorlektüre zu unterziehen. Für diese Mühe, für zahlreiche Anregungen, Korrekturen und weiterführende Hinweise, die nach Möglichkeit auch in der Endfassung berücksichtigt wurden, möchte ich mich sehr herzlich bei folgenden Personen bedanken: Christian G. Allesch (Salzburg), Hans H. Blotevogel (Duisburg), Hans-Peter Frey (Bamberg), Hans Goebl (Salzburg), Gerhard Hard (Osnabrück), Jürgen Hasse (Hamburg), Günter Heinritz (München), Alexander Keul (Salzburg), Marco Lalli (Darmstadt), Herbert Popp (Passau) und Klaus Wolf (Frankfurt). Wertvolle Hinweise zu verschiedenen Detailaspekten des Themas erhielt ich von Carlo Jaeger, Dieter Steiner (beide

Zürich), Andreas Weiss (Salzburg) und Eugen Wirth (Erlangen). Aber auch vielen anderen Kollegen, vor allem aus dem Bereich der Humanökologie, habe ich für Ermunterung, Denkanstöße und auch kritischen Widerspruch zu danken.

Dem Verlag F. Steiner (Stuttgart), insbesondere Herrn Gregor Hoppen, danke ich für die vorbildliche Betreuung der Drucklegung, meiner lieben Frau Angelika für ihre Geduld und die Mühe des Korrekturlesens, Herrn Felix Lackner (Salzburg) für das Layout und die Erstellung der Druckvorlagen.

Ich widme dieses Bändchen dem Andenken an meinen allzufrüh verstorbenen Jugendfreund Wilfried Jaschke, der mich lehrte, die Musik zu lieben und die Standpunkte Andersdenkender zu achten.

Salzburg, im September 1990   Peter Weichhart

INHALTSVERZEICHNIS

Vorwort

1.	Einleitung	5
1.1	Raumbezogene Identität als interdisziplinäres Forschungsfeld der Sozialwissenschaften	8
1.2	Räumliche Bezüge personaler und sozialer Systeme - eine Chimäre der Geographen?	9
1.3	Theoriedefizite	13
2.	Grundformen der Identifikation und Einsetzungsinstanzen raumbezogener Bewußtseinsprozesse	14
3.	Die Wiederbelebung territorialer Bindungen im Gefolge gesellschaftlicher Entwicklungsprozesse	25
4.	Ausprägungsformen und Funktionen raumbezogener Identität auf der Ebene personaler Systeme	30
4.1	Sicherheit	35
4.2	Aktivität/Stimulation	37
4.3	Soziale Interaktion/Symbolik	39
4.4	Identifikation und Individuation	40
5.	Raumbezogene Identität auf der Ebene sozialer Systeme	46
5.1	Kontextualisierung von Kommunikation und Interaktion	47
5.2	Kommunikation personaler und sozialer Identität	50
5.3	Soziale Kohäsion und Gemeinschaftsbindung	52
5.4	Soziale Netzwerke	60
5.5	"Symbolische Gruppen" und "symbolische Gemeinschaften" als Bezugsgrößen sozialer Kohäsion	67
6.	Maßstabsfragen	75
7.	Einige methodologische Ergänzungen, Schlußfolgerungen und forschungspolitische Überlegungen	81
7.1	"Physical settings" oder "semantical settings"?	81
7.2	"Was nützt es dem Geographen?"	86
7.3	Auf dem Weg zu einer transaktionistischen Weltsicht?	88
8.	Zusammenfassung	92
9.	Summary	97
10.	Literaturverzeichnis	101

1. EINLEITUNG

Seit etwa einem Jahrzehnt werden in der deutschsprachigen Geographie Fragen der territorialen Bindungen des Menschen diskutiert (vergl. z.B. E. Wirth 1979, S. 286-292, P. Weichhart 1980 oder D. Bartels 1981). Schlagworte wie "Satisfaktionsraum", "Heimat", "emotionale Ortsbezogenenheit", "Regionalismus", "Territorialität", "Regionalbewußtsein" oder "regionale Identität" tauchen seither immer wieder in humangeographischen Veröffentlichungen auf. Die Gründung eines Arbeitskreises des Zentralausschusses für deutsche Landeskunde im Gefolge des Geographentages in Münster (1983) führte sogar zu einer Art Institutionalisierung[1].

Die inhaltliche Diskussion zum Thema wurde vor allem durch eine Veröffentlichung der Sprecher dieses Arbeitskreises "Regionalbewußtsein und Landeskunde" stimuliert (H. Blotevogel, G. Heinritz und H. Popp 1986)[2], die Anlaß für einige überaus kritische Stellungnahmen von G. Hard (1987a, b und c) war. In dieser Kritik (vergl. auch G. Bahrenberg 1987) bezog sich G.

---

1) Durch diesen Arbeitskreis wurden eine Reihe von Tagungen organisiert (Bonn 1983, Marktbreit 1985, Oldenburg 1986, München 1987, Passau 1988, Darmstadt 1989), in deren Rahmen einige der hinter diesen Schlagworten stehenden Problemkreise erörtert wurden. Am Geographentag in München war dem Thema eine eigene Fachsitzung gewidmet, seit 1987 laufen einige von der DFG geförderte einschlägige Forschungsprojekte (vergl. Bd. 63/1 und 2 der Berichte zur deutschen Landeskunde). Im gleichen Jahr wurde auch in Österreich mit einem derartigen Projekt begonnen (P. Weichhart und N. Weixlbaumer 1988). Bei den letzten Tagungen des Arbeitskreises für Regionalforschung (vormals "Arbeitskreis für neue Methoden in der Regionalforschung", Wien) in Neuberg an der Mürz (1987) und Zell am Moos (1988) wurden Vorträge und eine Arbeitskreissitzung zu diesem Themenbereich abgehalten (vergl. J. Hasse 1988 a und P. Weichhart 1990). Geographen waren auch am Teilprojekt "Regionale Identität" eines nationalen Forschungsprogramms mit dem Titel "Regionalprobleme" des Schweizerischen Nationalfonds beteiligt (vergl. M. Bassand (Hrsg.) 1981). Als letztes Beispiel sei die Tagung "Heimat in der Großstadt" angeführt, die im Herbst 1988 am Geographischen Institut in Köln stattfand und sich mit "Perzeption und lokaler Identifikation im städtischen Lebensraum" befaßte. Zunehmend wird bei den von Geographen initiierten Tagungen und Projekten auch ein interdisziplinärer Diskurs gesucht, wobei als Gesprächspartner vor allem Politologen, Regionalhistoriker und Soziologen gefragt sind. Selbst in der Lehre scheint dieser Themenkreis bereits zum Standardrepertoire fachlicher Inhalte zu gehören. Einschlägige Lehrveranstaltungen, meist in Form von Seminaren oder Praktika, wurden unter anderem an den Geographischen Instituten in Oldenburg, Münster, München (TU), Erlangen oder Salzburg abgehalten. Eine ganze Reihe von studentischen Prüfungsarbeiten, die sich mit Einzelaspekten oder regionalen Fallbeispielen befassen, sind in der Zwischenzeit bereits abgeschlossen (vergl. als Beispiele etwa U. Kerscher 1987, A. Klima 1988, B. Ender 1988, P. Kraus 1989 oder S. Pötscher 1989). Bei diesen Hinweisen auf Forschungsaktivitäten geht es weder um Fragen der Prioritäten noch um wissenschaftsgeschichtliche Vollständigkeit. Die angeführten Beispiele sind als subjektive Auswahl zu sehen, die aber einigermaßen repräsentativ sein dürfte.
2) Verweise auf diesen Text werden im folgenden mit dem Kürzel BHP1 gekennzeichnet, die durch eine Reihe von Fußnoten erweiterte Fassung von 1987 wird mit BHP2 abgekürzt.

Hard nicht nur auf einzelne Unstimmigkeiten, mißverständliche oder verkürzte Aussagen und offensichtliche Irrtümer bei BHP1, sondern er stellte den gesamten Ansatz einer "geographischen Regionalbewußtseinsforschung" grundsätzlich und mit schwerwiegenden Argumenten in Frage. Ähnliche Gegenpositionen, die in ihrer Gesamtheit eine vernichtende Disqualifikation der bisherigen konzeptionellen Entwürfe zu unserem Thema bedeuten, kamen in Diskussionsbeiträgen bei einigen der oben erwähnten Tagungen zum Ausdruck.

Ohne Anspruch auf Vollständigkeit und stark verkürzt können die Hauptgesichtspunkte dieser Kritik wie folgt zusammengefaßt werden:

1.) Raumbezogene Elemente personaler und kollektiver Identifikationsprozesse seien zwar für vorindustrielle, segmentär gegliederte Gesellschaften durchaus anzunehmen, für gegenwärtige Gesellschaftsstrukturen seien solche Aspekte aber irrelevant oder bestenfalls Ausdruck rückwärtsgewandter, eskapistischer Ideologien.

2.) Soziale Strukturen und Prozesse würden sich generell dadurch auszeichnen, daß sie unabhängig von wie immer definierten physisch-räumlichen Gegebenheiten sind. Es habe daher auch keinen Sinn, in *theoretische* Aussagen über gesellschaftliche Systeme Raumvariablen einzubeziehen. Hinweise auf offensichtliche Zusammenhänge zwischen Raumgegebenheiten und sozialen Phänomenen bzw. die Variation solcher Phänomene im Raum bezögen sich auf bloße Trivialitäten, deren theoretische Durchleuchtung daher unnötig sei. Derartige Belege würden auch *zuviel* beweisen, denn schließlich hätten ja *alle* gesellschaftlichen Phänomene einen bestimmten Standort oder eine räumliche Erstreckung.

3.) Bei den beobachtbaren und evidenten Formen von rezentem "Regionalbewußtsein" handle es sich in der Regel um die Folgen manipulativer Eingriffe staatlicher und anderer Institutionen, von denen "Regionalbewußtsein" als Instrument der Machtausübung und des regionalen Managements in voller Absicht produziert würde. Die geographische Regionalbewußtseinsforschung würde sich von den dahinterstehenden politisch-administrativen Großorganisationen gleichsam ideologisch mißbrauchen lassen, da sie dazu angetan sei, den Herrschaftsaspekt des Identitätsraum-Managements eher zu verschleiern.

4.) Die Sozialsysteme der Moderne seien immer weniger als Interaktions- und immer mehr als Kommunikationssysteme strukturiert. Kommunikation aber sei ein grundsätzlich a-räumliches Phänomen, bei dem die Standorte der einzelnen Teilelemente dieses Prozesses keine Rolle spielen. G. Hard (1987c, S. 25; vergl. H. Klüter 1986, S. 55) erläutert dies an einem Beispiel von Telekommunikation, bei dem sich der Sender in Amerika, der Empfänger in Australien befindet und der "gemeinsam aktualisierte Sinn" auf Afrika bezogen ist. Außerdem bewirke die Uniformität und überregionale Gleichförmigkeit von Lebensstilen, Wertesystemen, Baustilen, Konsumartikeln, Modeströmungen etc., daß eine weiträumige Gleichschaltung der lebensweltlichen Wirklichkeit die Entwicklung regionalspezifischer Besonderheiten nicht zuläßt und bestehende Differenzierungen nivelliert werden. Da solche Besonderheiten den konkreten Hintergrund bzw. die Voraussetzung für die Ausbildung territorialer Bindungen darstellen, wird in der Moderne auch deren Entstehung weitgehend verhindert. Es sei daher wesentlich sinnvoller, Forschungsprojekte zu konzipieren, die sich mit der Frage befassen, warum "regionale Identität" gegenwärtig *nicht* entstehen könne[3].

5.) Zur Beantwortung der Frage, wie denn ein derart unsinniges und wenig zielführende Forschungskonzept überhaupt zustande kommen konnte, vertritt G. Hard die These, daß dahinter ein charakteristischer fachspezifischer Denkfehler der Geographen stehe. Es handle sich nämlich auch hier um eine unangemessene Raumabstraktion, deren Genese aus der Geographiegeschichte verständlich wird. Dem liege eine semantische Substitution zugrunde, bei der eine komplexe durch eine simple und sachlich unbrauchbare bis unsinnige Semantik ersetzt werde. Das gesamte Forschungsprogramm habe nur entstehen können, weil auch in diesem Falle infolge der fachspezifischen Denkzwänge unangemessenerweise räumliche Kodes zur Darstellung sozialer Phänomene herangezogen werden.

Im folgenden soll nun nicht näher auf Einzelheiten der Hard-BHP-Kontroverse eingegangen werden. Erstens haben die Autoren des kritisierten Textes bereits selbst dazu Stellung genommen (Fußnoten in BHP2 und H.H. Blotevogel, G. Heinritz und H. Popp 1989[4]) und dabei einige Mißverständnisse geklärt, ihre Auffassung spezifiziert und verschiedene Anregungen aufgegriffen. Zweitens wird man bei der Beurteilung von BHP1 berücksichtigen müssen, daß dieses Papier von den Autoren wohl als vorläufiger Entwurf, als Diskussionsbeitrag ohne Anspruch auf besondere Verbindlichkeit konzipiert und keineswegs als ausgefeilte theoretische Fundierung eines ganzen Forschungsansatzes gedacht war. Man sollte diesen Beitrag auch in Zusammenhang mit dem wissenschaftsorganisatorischen Bezugsrahmen, nämlich dem Zentralausschuß für deutsche Landeskunde, sehen. Eine Reihe von Vorentscheidungen und Festlegungen, etwa die ausschließliche Thematisierung eines bestimmten Maßstabsbereiches oder die Ausblendung einzelner Teilaspekte der Problemstellung, werden vor dem Hintergrund von Erneue-

---

3) Diskussionsbemerkung von D. Klingbeil bei einem Gespräch am Geographischen Institut der TU München.
4) Im folgenden mit BHP3 abgekürzt.

rungsbemühungen zur Landeskunde eher verständlich als im Kontext einer Auseinandersetzung mit dem gesamten Problemkreis der "raumbezogenen Identität".

Wichtiger erscheint es dagegen, die grundsätzlichen Einwände der Kritiker aufzugreifen und zu überlegen, ob die oben zusammengefaßten Argumente tatsächlich belegen, daß ein Forschungsansatz, der sich mit Fragen einer territorialen Bindung menschlicher Lebensbezüge befaßt, bestenfalls als Kuriosität und Abstrusität der Geographiegeschichte einzuschätzen ist. Dabei soll zunächst auf einige sozialwissenschaftliche Nachbardisziplinen eingegangen werden, die als gleichsam normative Referenzgrößen mit Vorbildcharakter für die Geographie auch von den Kritikern immer wieder herangezogen werden.

1.1 Raumbezogene Identität als interdisziplinäres Forschungsfeld der Sozialwissenschaften

Selbst ein kursorischer Überblick über den Forschungsstand zu unserem Thema kann verdeutlichen, daß Fragen der raumbezogenen Identität in verschiedenen sozialwissenschaftlichen Nachbardisziplinen seit geraumer Zeit nicht nur ausdrücklich Beachtung finden, sondern vielfach sogar als entscheidender Bestandteil von Forschungsfronten angesehen werden. Die Lektüre einschlägiger nachbarwissenschaftlicher Veröffentlichungen vermittelt auch den Eindruck, daß derartige Problemstellungen dort ohne ständigen Legitimationszwang und mit mehr Selbstverständlichkeit angegangen werden, als das in der Geographie der Fall ist. Man muß der Geographie sogar vorwerfen, daß sie sich mit reichlicher Verspätung und nur sehr zögernd einem Arbeitsfeld zu nähern beginnt, das von den Sozialwissenschaften längst kultiviert wurde. Damit bleibt der geographischen Regionalbewußtseinsforschung auch der zusätzliche Vorwurf nicht erspart, die anderswo geleisteten konzeptionellen Vorarbeiten und theoretischen Entwürfe bisher weitgehend ignoriert zu haben. Als Faktum kann festgehalten werden, daß folgende Fachgebiete Fragen der territorialen Bindung, emotionalen Ortsbezogenheit bzw. der raumbezogenen Identifikation und Identität ganzheitlich oder unter Betonung spezifischer Einzelprobleme mit zum Teil erheblichem Aufwand bearbeiten: Ethnologie und Kulturanthropologie, Soziologie, Politologie, Kommunikationswissenschaften, Psychologie (mit den Teilbereichen Sozialpsychologie, Persönlichkeitspsychologie, Kulturpsychologie und Ökologische

Psychologie) sowie Sprachwissenschaften (insbesondere Dialektforschung, Ethnolinguistik und Sprachsoziologie)[5].

1.2 Räumliche Bezüge personaler und sozialer Systeme - eine Chimäre der Geographen?

Ausdrücklich wird von diesen Arbeitsrichtungen die Frage nach den räumlichen Rahmenbedingungen und der inhaltlich-funktionalen Bedeutung physisch-räumlicher Gegebenheiten für die Lebenswirklichkeit des Menschen behandelt. Dabei wird dezidiert auf die Symbolfunktion materieller Raumgegebenheiten und ihre Wirkung als Rahmenbedingung oder Bühne menschlichen Handelns verwiesen. Häufig werden Überlegungen zu Fragen der Raumbeziehung mit einer fast schon formelhaft wirkenden *Entdeckungs-* oder *Wiederentdeckungsmetaphorik* eingeleitet (vergl. etwa R. Pieper 1987, oder D. Gerdes 1987). Eine weitere charakteristische "literarische Formel" ist die mit dem Ausdruck eines Verwundertseins oder Erstaunens artikulierte Frage, wie es denn kommen konnte, daß ein so bedeutsamer und evident wichtiger Aspekt personaler und sozialer Systeme wie der physisch-materielle Raum von den Sozialwissenschaften bisher derart sträflich *vernachlässigt* wurde: "What is most striking by its conspicious absence in all of these conceptualizations, however, is the utter disregard for the influence of physical settings generally, and in particular for the places and spaces that provide the physical contexts for all of the social and cultural influences on the self noted above" (H.M. Proshansky 1978, S. 155). "It always seemed quite astounding to the writer that in discussions and theoretical analysis of sex, occupation, family, and other social roles, considerations given to space and place were - and continue to be - almost nonexistent" (ebda., S.158/9). Bei ihrer Diskussion der bisherigen sozial- und persönlichkeitspsychologischen Arbeiten zur Identitätsproblematik stellen H.M. Proshansky, A.K. Fabian und R. Kaminoff (1983, S. 57) fest: "Paradoxically, what will also emerge is the realization of an almost complete neglect of the role of places and spaces in this aspect of human psychological development". "...the investigation of identity has concentrated on self-meanings in institutional roles (occupation and family), social categories or status (age, sex and race) or informal roles (friends and lovers). The significance of space and place (urban residence or community membership) and their shared social meanings has been neglected" (D.C. Reitzes 1986, S. 167). Auch in der Ökologischen Psychologie wird die Vernachlässigung der physisch-materiellen

---

5) Auf Belege kann an dieser Stelle verzichtet werden, da in der folgenden inhaltlichen Diskussion auf zahlreiche Beispielarbeiten aus den genannten Disziplinen verwiesen wird.

Umweltaspekte beklagt (vergl. z.B. D. Stokols und S.A. Shumaker, 1981). Ähnliche Beobachtungen wurden von Vertretern sozialwissenschaftlicher Nachbardisziplinen aber schon viel früher gemacht. In seiner klassischen Studie über die Auswirkungen von Zwangsumsiedlungen bei der Stadterneuerung konstatierte M. Fried (1963, S. 156) bereits vor mehr als einem Vierteljahrhundert: "...we wish to redress the almost total neglect of spatial dimensions in dealing with human behavior." In einer Untersuchung über soziale Interaktionen und Nachbarschaftsbeziehungen kommen auch D. Oxley et al. (1986, S. 641) zu einer ähnlichen Auffassung: "And finally, previous research typically ignored the spatial and physical aspects of neighbor associations..." Die Rede vom "vernachlässigten" oder unzulänglich berücksichtigten Raum findet sich nicht nur in der Sozialpsychologie, sondern sehr ausgeprägt auch in neueren soziologischen Arbeiten (vergl. etwa E. Konau 1977, H. Walter 1981, L.A. Vaskovics 1982, G. Albrecht 1982, B. Hillier und J. Hanson 1984, D. Gregory und J. Urry 1985, U. Herlyn 1988 oder B. Hamm 1989 sowie A. Giddens, z.B. 1984, und andere Vertreter seiner Strukturationstheorie)[6].

Der Psychologe M. Lalli (1989, S. 36) geht direkt auf die BHP-Hard-Kontroverse ein und konstatiert: "Die Frage, ob die räumlich-physikalische Umwelt für die Identität von Menschen relevant ist, kann von Seiten der Psychologie eindeutig bejaht werden. Die von einigen Sozialgeographen vorgebrachte Kritik, regionale Identität sei lediglich das Ergebnis sozialer Kommunikation und über räumliche Kategorien nicht adäquat zugänglich (Hard, 1987), greift zu kurz."

Nun ist mit dieser kleinen Auswahl aus der Vielzahl möglicher Belege gewiß noch keine sachliche Begründung dafür erbracht, daß die Auffassungen der zitierten Autoren inhaltlich gerechtfertigt sind. Die Zitate demonstrieren aber wohl mit ausreichender Deutlichkeit, daß Hards Vermutungen zumindest in einem Punkte unangemessen sind. Die von ihm und anderen Kritikern der einschlägigen geographischen Ansätze vorgebrachte Auffassung, "Regionalbewußtseinsforschung" sei eine aus der Fachgeschichte erklärbare Verirrung unbelehrbarer "Räumler", sei der abstruse Versuch, eine ungeeignete räumliche Semantik für die Darstellung und Analyse sozialer Phänomene zu verwenden, wird für die eben zitierten Autoren, die keinerlei Af-

---

6) Es lassen sich aber auch frühere Belege für derartige Argumentationsmuster nachweisen. So spricht etwa W. Brephol (1952) bei seinem "Entwurf einer soziologischen Theorie der Heimat" von "Ich-Du-Sache-Beziehungen im Raum" und betont: "Alle Sozialbeziehungen sind ausgebreitet im Raum; diese Dimension des Räumlichen gehört stets mit zu ihnen. Daß diese Kategorie so wenig beachtet wird, ist ohne Zweifel aus der besonderen Perspektive der Soziologie zu verstehen" (S. 14). "Es muß verwundern, daß die neuere soziologische Theorie so selbstverständlich von den Raumbeziehungen sozialen Verhaltens abstrahiert" (B. Hamm 1973, S. 10).

finität zur Geographie haben, wohl kaum ernsthaft als zutreffend angesehen werden können. Möglicherweise handelt es sich bei der Vermutung, daß auch die physisch-materielle räumliche Umwelt als Rahmenbedingung, symbolische Repräsentation und Inhalt für psychische wie soziale Systeme von funktionaler Bedeutung ist, also doch nicht *nur* um eine déformation professionelle der Geographen oder um ihre fachspezifische Legasthenie beim "Lesen" der Wirklichkeit.

Allerdings kann aus den angeführten Belegstellen auch abgeleitet werden, daß eine wichtige Implikation von G. Hards Kritik durchaus sehr ernst zu nehmen ist. Offensichtlich ist es nämlich der Sozialgeographie bisher nicht gelungen, eine theoretische Konzeption der Person/Gesellschaft-Raum-Interaktionen zu erarbeiten, die von Nachbardisziplinen als Theorieimport hätte übernommen werden können.

An anderer Stelle (P. Weichhart 1990) wurde die Vermutung geäußert, daß das von G. Hard vorgetragene Deutungsmuster aus dem Rekurs auf einen ganz bestimmten theoretischen Ansatz der Soziologie, nämlich die Systemtheorie von N. Luhmann (z.B. 1985), zu verstehen ist. Aus der Perspektive dieser Theorie, welche die gesellschaftliche Realität auf einem ganz spezifischen Abstraktionsmedium abbildet, besitzen soziale Gegebenheiten und Kommunikation natürlich *keine* räumliche Existenz, denn von eben dieser wird ja ausdrücklich abstrahiert. Aufgrund dieser Abstraktion muß N. Luhmann ja auch mit Notwendigkeit davon ausgehen, daß soziale Systeme "...nicht aus psychischen Systemen, *geschweige denn aus leibhaftigen Menschen bestehen*" (1985, S. 346; Hervorhebung P. W.)[7].

Ähnlich wie ein Schaltplan eines elektronischen Gerätes, der von der materiellen Struktur und der räumlichen Konfiguration der Bauteile absieht und sich ausschließlich auf ihre funktionalen Zusammenhänge bezieht, zielt die

---

[7] J. Hasse (briefliche Mitteilung v. 6.3.1990) hat darauf aufmerksam gemacht, daß sich die Systemtheorie Luhmanns auch anders interpretieren lasse und merkt zum oben monierten "Raumdefizit" dieser Theorie folgendes an: "Luhmann definiert ja Gesellschaft "ganz einfach (als) das umfassende soziale System aller aufeinander Bezug nehmenden Kommunikation ..." (Ökolog. Komm. 1986, S. 24). So kann er in seiner Theorie den "Raum" wie die "Sachen" auch nur vor dem Hintergrund dieser Denkvoraussetzung einbeziehen. Das ist ja nicht nur schlüssig, sondern eröffnet m.E. herausragende theoretische Perspektiven für die Diskussion um "Regionale Identität", die ja...kommunikativ erzeugt wird. Indem der Gegenstand der Systemtheorie die Differenz zwischen System und Umwelt ist, geht es implizit immer um die Orientierung durch Sinnhorizonte. Und dafür verwendet Luhmann u.a. die Kategorie der *Sachdimension* (vergl. Soziale Systeme, S. 112 ff). Indem es um dimensionsspezifische Differenzen (und deren Potential für die Identitätsbildung) geht, spielen automatisch Räume eine gleichwertige Rolle - neben anderen Dimensionen". In der Theorie Luhmanns hätten also auch "...soziale Gegebenheiten und Kommunikation...sehr wohl eine räumliche Existenz. Diese Existenz spielt sicherlich nicht als solche eine Rolle, sondern erst als Moment autopoietischer Differenzregulation im kommunikativen Prozessieren mit der Umwelt."

systemtheoretische Darstellung der Gesellschaft auf die Identifikation funktionaler Elemente und Prozesse des Sozialsystems ab und kann (bzw. muß) für diesen Zweck die konkrete physische Manifestation des Untersuchungsgegenstandes vernachlässigen. Die materielle Realisierung des eben angesprochenen Gerätes basiert aber nicht nur auf dem Schaltplan, sondern auf einem Verdrahtungsplan, bei dessen Entwurf sehr wohl die räumlichen Anordnungen und Relationen der einzelnen Bauteile berücksichtigt werden müssen. (So wird man ein wärmeempfindliches Element nicht in unmittelbarer Nachbarschaft zu einem Transformator anordnen.)[8] Noch etwas kommt dazu. So wie (um im Bild zu bleiben) eine bestimmte elektrotechnische Funktion durch unterschiedliche Bauteile realisiert werden kann, gibt es unterschiedliche *Einsetzungsinstanzen* (im Sinne einer Konkretisierung struktureller Zusammenhänge) für soziale Systemfunktionen. Dabei können auch Elemente der physisch-materiellen Welt (Gebäude, Siedlungsstrukturen, Artefakte unterschiedlichster Art) als Symbole, Ausdrucksmittel und Inhalte sozialer Sinnkonfigurationen dienen.

Die "Raumblindheit" als Teilaspekt der von H. Linde (1972) beklagten generellen "Dingblindheit" der Soziologen gilt nicht nur für N. Luhmanns Ansatz, sondern in besonderem Maße auch für die funktionalistisch-systemtheoretischen Konzeptionen (vergl. dazu auch D. Massey 1985) in der Tradition von T. Parsons, welche als dominante Arbeitsrichtung die Soziologie der letzten Jahrzehnte maßgeblich bestimmte.

Um keine Mißverständnisse aufkommen zu lassen: Natürlich gab und gibt es in der Geographie jene von G. Hard (1987 a, b, c etc.), B. Werlen (1987), H. Klüter (1986) und anderen kritisierten höchst naiven Raumkonzepte, die für eine ernsthafte sozialwissenschaftliche Verwertung gewiß ungeeignet sind. Tatsächlich wurde vielfach nicht erkannt, daß man mit manchen Ansätzen und Programmen dem Fehler der unreflektierten Ontologisierung spezifischer Raumabstraktionen zum Opfer gefallen ist und daß manche klassischen Forschungsziele (wie eine kulturgeographische Raumgliederung) auf dem Wege einer Kartierung von Bewußtseinsinhalten bzw. der Standorte von Personen mit bestimmten Bewußtseinsinhalten nicht besonders sinnvoll verwirklicht werden können. Daraus darf aber doch nicht der Schluß gezogen werden, daß die Problemstellungen, an denen die betreffenden Lösungsversuche gescheitert sind, gar nicht existieren.

---

8) Schaltungstechnisch wäre es kein Problem, in den PC des Autors ein zusätzliches Laufwerk für das Diskettenformat $5^1/_4$ Zoll einzubauen. Dummerweise ist im Gehäuse dafür aber einfach nicht genügend Platz.

1.3 Theoriedefizite

Das erste zögernde Herantasten der Geographen an Erscheinungen der territorialen Bindungen des Menschen fand weitgehend im theoriefreien Raum statt. Auch bei diesem Thema zeigt sich eine nur geringe Durchlässigkeit der Fachgrenzen gegenüber nachbarwissenschaftlichen Ansätzen. Selbst für zentrale begrifflich-konzeptionelle Elemente der innergeographischen Diskussion (wie "Bewußtsein" "Zugehörigkeit", "Raumvorstellung" etc.) fehlen ausführlichere Überlegungen zu einem konsistenten theoretischen Bezugsraster, die natürlich Vorleistungen aus anderen Disziplinen aufgreifen müßten.

Das Defizit einer mangelnden theoretischen Fundierung gilt aber keineswegs nur für die Geographie. Auch in anderen Fachbereichen wird die fragmentarische Ausformulierung theoretischer Grundlagen und vor allem die Heterogenität der verwendeten Begriffe mit Bedauern konstatiert (M. Lalli 1989, S. 4). Es finden sich auch kaum Bemühungen, die unterschiedlichen Theoriefragmente, die in verschiedenen Sozialwissenschaften diskutiert, aber nur sehr mangelhaft aufeinander bezogen werden, systematisch zusammenzufassen. Wenn man von einigen wenigen Standardreferenzen absieht (zu denen etwa neben M. Fried 1963, H. Treinen 1965 sowie I.-M. Greverus 1972 und 1979 auch die "humanistischen" Geographen E. Relph 1976, Y.-F. Tuan 1980, und A. Buttimer 1980 zählen), lassen sich in den Literaturverzeichnissen von Arbeiten unterschiedlicher Disziplinen nur wenig gemeinsame Anknüpfungspunkte feststellen.

Mit den folgenden Hinweisen und Überlegungen soll versucht werden, einige der wichtigsten Konzepte, Grundlagen und Erkenntnisse der sozialwissenschaftlichen Forschung zum Thema aufzugreifen und miteinander in Beziehung zu setzen. Der Autor ist sich darüber im klaren, daß mit einem solchen Versuch bestenfalls Bausteine für eine übergreifende Theorie territorialer Bindungen identifiziert werden können.

2. GRUNDFORMEN DER IDENTIFIKATION UND EINSETZUNGSINSTANZEN RAUMBEZOGENER BEWUSSTSEINSPROZESSE

Die innerfachliche Diskussion bezog sich bisher fast ausschließlich auf das Konzept "*Regional*bewußtsein" (obwohl die erste Arbeitskreissitzung in Bonn 1983 noch unter dem Titel "Territorialität und *räumliche* Identität" abgehalten wurde). Damit wurde ausdrücklich ein ganz bestimmter mittlerer Maßstabsbereich, eben jener der Region, in den Vordergrund gestellt. Diese wohl primär pragmatisch-forschungstechnisch zu verstehende Festlegung reflektiert aus der Sicht der Autoren BHP natürlich auch ein ganz spezifisches und sicher legitimes Erkenntnisinteresse, das vor dem Hintergrund des organisatorischen Rahmens, also des Zentralausschusses für deutsche *Landeskunde*, zu sehen ist und für dessen Begründung auch durchaus plausible Sachargumente angeführt wurden (vergl. BHP3 S. 70/71)[9]. Sogar in der Kritik wurde diese Festlegung und ausschließliche Fokussierung auf das Auflösungsniveau der Region nachvollzogen. Für eine systematische Erörterung der Ausprägungsformen territorialer Bindungen dürfte es aber von Nutzen sein, das Gesamtspektrum dieser Beziehungsgefüge mit ihren wichtigsten funktionalen und finalen Wirkungszusammenhängen im Auge zu behalten. Aus diesem Grunde wird im vorliegenden Text von "raumbezogenen Bewußtseinsprozessen" oder "raumbezogener/räumlicher Identität" gesprochen.

Eine erste und in funktionaler Hinsicht besonders bedeutsame inhaltliche Differenzierung der Beziehungen des Menschen mit seiner Umwelt läßt sich durch die Unterscheidung der *kognitiven* und der auf das *Selbstkonzept bezogenen* Aspekte dieser Interaktion darstellen und konzeptionell fassen. In der innergeographischen Diskussion wurde diese Differenzierung bisher nur ungenügend beachtet. Am Beispiel von Aussagen zum Begriff "Regionalbewußtsein" läßt sich zeigen, daß die dahinterstehende Grundproblematik zwar durchaus erkannt worden war, weiterführende systematische Überlegungen blieben aber zunächst aus. Vermutlich ist dies auch darauf zurückzuführen, daß der ursprünglich präsente Begriff "Identität" wohl etwas vorschnell wieder aufgegeben wurde (BHP1 S. 103/4)[10]. So wird bei BHP1 (S. 104) sehr wohl zwischen einem "Bewußtsein der Zugehörigkeit zu einem

---

9) Die an anderer Stelle geäußerte Befürchtung (P. Weichhart 1990), daß derartige pragmatisch motivierte Festlegungen, wie die ausdrückliche und ausschließliche Thematisierung eines bestimmten Maßstabsbereiches, eine gewisse Eigendynamik entwickeln und sich unversehens verfestigen oder gar zu einem Erkenntnisprinzip emanzipieren könnten, erwies sich in diesem Falle als ungerechtfertigt. Dies läßt sich am Beispiel der empirischen Projekte von Mitarbeitern des Arbeitskreises (vergl. J. Aring et al. 1989) belegen, die sich durch ihre empirischen Befunde genötigt sahen, auch die lokale Maßstabsebene in ihre Überlegungen einzubeziehen.
10) Eine weitere Ursache ist natürlich die mangelnde Berücksichtigung der einschlägigen Arbeiten im Fach Psychologie, deren Konzeptionen auf eben dieser Unterscheidung basieren.

bestimmten Raum" und dem "Inhalt der Raumvorstellung" unterschieden. P. Schöller (1984) hob den Begriff "Regionalbewußtsein", verstanden als Wissen über die Eigenschaften und Besonderheiten einer bestimmten Region, deutlich von einer emotionalen Bindung bzw. der (personalen) Identifikation oder einem "aktiven Zugehörigkeitswillen" ab. Auch E. Wirth (1988) stellte in einem Diskussionsbeitrag am Münchener Geographentag dem "Regionalbewußtsein" die "regionale Verbundenheit" ausdrücklich gegenüber. Aus dem Kontext der Belegstellen wird aber klar, daß die getroffene Unterscheidung als gleichsam graduelle Abstufung zwischen einem eher unverbindlich-konsequenzlosen "Bewußtsein" (qua "Wissen über...") und einem programmatisch-politischen regionsbezogenen Aktionismus angesehen wird (vergl. BHP1, S. 110-113).

Mit dem Hinweis auf gängige Konzeptionen in der Psychologie und der Soziologie hat der Autor an anderer Stelle (P. Weichhart 1990) vorgeschlagen, die kognitiven und die "Selbst-bezogenen" Aspekte der Umweltinteraktion als grundsätzlich verschiedenartige und eigenständige Elemente oder Dimensionen raumbezogener Bewußtseinsinhalte anzusehen. Dieser Vorschlag wurde von BHP3 (S. 73-75) aufgegriffen und kritisch diskutiert. Zur Begründung dieser Differenzierung ist ein kleiner Exkurs in die Theorie der Selbstkonzept- und Identitätsforschung hilfreich. Da die einschlägige Literatur in der Geographie offensichtlich weniger geläufig ist, scheint es angemessen, dabei etwas ausführlicher auf Einzelbelegstellen einzugehen.

Einer der wichtigsten Vorläufer der modernen sozialpsychologischen Identitätsforschung ist der Soziologe G.H. Mead (1934), der gleichzeitig als Mitbegründer und Hauptvertreter des symbolischen Interaktionalismus gilt (vergl. S. Stryker 1980). In diesem Theoriesystem geht man davon aus, daß das personale Selbst, das Ich-Bewußtsein des Menschen, auf dem Weg über soziale Interaktion entsteht, aufrecht erhalten und modifiziert wird. In einer kritischen Auseinandersetzung mit den Vorstellungen G.H. Meads, bei denen die *verbale Kommunikation* im Vordergrund steht, hat G.P. Stone (1962) eine wichtige Erweiterung des Interaktions- und damit des Identitätsbegriffes eingeführt. Er geht davon aus, daß jede soziale Interaktion aus zwei Komponenten oder Prozessen besteht, nämlich "Erscheinung" (appearance) und Diskurs (discourse). Beide seien für die Entwicklung und Aufrechterhaltung des personalen Selbst gleichermaßen bedeutsam (S. 87). Eine wichtige Voraussetzung für das "Funktionieren" sozialer Transaktionen ist die intersubjektive Verständlichkeit der im Akt der Kommunikation transportierten Sinnbezüge. Nach G.H. Mead wird dies durch "role-taking" sichergestellt, was soviel wie "...placing one's self in the attitude of the other..." (ebda., S. 89) bedeutet. "It is here, however, that a gap in Mead's analysis occurs...if role-taking is the guarantee of meaning, how then is role-taking possible? Obviously, one must apprehend the other's role, the other's attitude - indeed, the other's self - before one can take the other's role or incorporate the other's attitude" (ebda.). An dieser Stelle seiner Argumentation führt G.P. Stone den Begiff "Identität" ein, mit dem zwei wesentliche Prozesse umschrieben werden, nämlich *"identification of"* und *"identification with"* (S. 90). "...identifications *with* one another, in whatever mode, cannot be made without identification *of* one another. Above all, identifications of one another are ordinarily facilitated by appearance and are often accomplished silently or non-verbally...*Appearance*, then, is that phase of the social transaction which establishes identifications of the participants. As such, it may be distinguished from *discourse*, which we conceptualize as the text of the transaction - *what* the parties are discussing. Appearance and discourse are two distinct dimensions of the social transaction. The former seems the more basic. It sets the stage for, permits, sustains, and delimits the possibilities of discourse..." (ebda.).

An diesem Zitat werden exemplarisch zwei sehr wichtige Inhalte der klassischen soziologischen Theorie erkennbar. Erstens die klare Unterscheidung zwischen zwei Aspekten von Identifikation: Dieses Konzept bedeutet einerseits die kognitive Repräsentation des jeweiligen Gegenübers im Bewußtsein des interagierenden Subjekts, andererseits ein "Sich-Hineinversetzen" in den Partner oder ein "Sich-Zueigenmachen" des Partners bzw. Gegenstandes der Transaktion. Zweitens verdeutlicht das Zitat, daß soziologische Theorien sehr wohl die Bedeutung von *kognitiven Strukturen* und Wahrnehmungsinhalten als Voraussetzung für Prozesse der *sozialen* Interaktion herausstellen. Die Beschäftigung mit kognitiven Strukturen, den Mustern und Inhalten der Umweltwahrnehmung, scheint also keineswegs nur ein - *sozial*wissenschaftlich irrelevantes - Problemfeld der Psychologie oder "bloßer Psychogeographie" darzustellen, wie das etwa von G. Hard (z.B. 1987a, S. 146 und 1987c, S. 34) oder B. Werlen (1987, S. 23) behauptet wird. Auf diesen Gesichtspunkt wird im folgenden noch genauer einzugehen sein.

Auch in der modernen Umweltpsychologie wird eine vergleichbare Differenzierung des Identitätskonzepts vorgenommen. Als Beispiel sei auf eine Arbeit von C.F. Graumann (1983) verwiesen, der den Aspekt der "identification of" noch um die reflexive Komponente des "being identified" erweitert und ausdrücklich auch Gegenstände der physisch-materiellen Umwelt einbezieht. Er unterscheidet damit drei Grundprozesse der Identifikation. "Identifikation I" ("identifying the environment") "...is the recognition of some body in its sameness, i.e. as different from other bodies. Sameness, however, is not a physical term, nor is difference. Both are to be understood psychologically, i.e. as experiences of sameness and differences...We cannot grow up intellectually without learning how to categorize our environment (and ourselves), and we cannot categorize without identifying common properties which, at the same time, discriminate between whatever belongs and what does not belong. In other words, identification implies classification, which logically means the construction of classes" (S. 310/11)[11].

Mit "Identifikation II" ("being identified") bezeichnet Graumann die Beobachtung und Erkenntnis eines Subjekts, daß es selbst zum Gegenstand eines Identifikationsprozesses wird und daß mit diesem "Klassifiziert-Werden" Erwartungshaltungen der sozialen Umwelt, Zuschreibungen und Attribuierungen verknüpft sind. Als besonders bedeutsam erweisen sich dabei solche Kategorisierungen, "...which *make one belong* and attributions which make one responsible" (S. 312; Hervorhebung P.W.). Die mit dem Identifiziert-Werden verknüpften Rollenzuschreibungen durch die soziale Umwelt stellen eine entscheidende Voraussetzung und Vorgabe für die Entwicklung und Ausgestaltung der Ich-Identität des betroffenen Subjekts dar, das genötigt ist, die von außen vorgenommenen Kategorisierungen im Verlaufe des Sozialisationsprozesses zumindest zum Teil zu internalisieren. "Being identified" bezieht sich natürlich auch auf die Demarkationslinie zwischen dem "Wir" und "den Anderen", bedeutet für den Betroffenen, als Zugehöriger zu einer sozialen Gruppierung einbezogen oder aber ausgegrenzt zu werden.

"Identifikation III" ("identifying with one's environment") weist auf die aktive Auseinandersetzung des Individuums mit seiner sozialen und physischen Umwelt im Prozess der Ausdifferenzierung und Ausgestaltung der eigenen Persönlichkeit hin. "Of the many persons and things in my environment...there are some who are as I would like to be: "models" according to whom I try to shape my appearance, my preferences, my mind, my taste, my social relations until a likeness, a sameness is at least experientially achieved...The models whom people strive to resemble or to imitate may be individuals or groups, i.e. "reference persons" or "reference groups"..." (S. 312). Als Vorbilder oder Bezugssysteme dienen keineswegs nur reale Personen, es kann sich auch um historische Figuren oder Fiktionen handeln. Denn jedes dieser Modelle, auf die Hoffnungen, Wünsche und Ansprüche projiziert werden, stellt letztlich ein Produkt der Phantasie der betreffenden Person dar. "The model symbolizes, rather than is, what the identifying person strives to be" (ebda.).

Damit wird klar, daß auch dieser Aspekt von Identifikation nicht ausschließlich auf soziale Interaktionspartner bzw. andere Menschen beschränkt ist: "It is this symbolic function which also *permits things* (as distinct from persons and groups) to become objects of identification. Not only may a house stand for one's home and family, a cathedral for one's religious belief, a splendid car for one's level of achievement and high status; even minor everyday ob-

---

11) Die objektivierbare Variante dieses Problems wird u.a. von der philosophischen Identitätsdiskussion behandelt (vergl. z.B. D. Henrich 1979).

jects...may symbolize persons, relations, events from our individual and social biographies" (ebda., Hervorhebung P.W.; vergl. dazu auch M. Csikszentmihalyi und E. Rochberg-Halton 1981). Durch den Rückbezug auf die jeweils eigene personale Existenz stehen die Identifikationsprozesse in einem direkten Zusammenhang mit der Ausbildung von Ich-Identität.

Betrachtet man nun - in grober Generalisierung - die gesamte Bandbreite der sozialwissenschaftlichen Identitätsforschung (vergl. dazu H.-P. Frey und K. Haußer 1987), dann lassen sich vor dem Hintergrund der oben angesprochenen Differenzierung vier Hauptfragestellungen und damit auch vier komplexe Arbeitsrichtungen erkennen. Alle vier Bereiche, die sich zum Teil relativ unabhängig voneinander entwickelt haben und oft auch unter anderen Bezeichnungen gehandelt werden, sind für die Fragestellung der raumbezogenen Identität von großer Bedeutung. Ein erster Problematisierungszusammenhang mit einer eigenständigen Forschungstradition kann mit den Stichworten "Fremdbild", "Statuszuschreibung" und "Rollenzuschreibung" charakterisiert werden. Hier geht es um die Erfassung "...*sozialer, öffentlicher, "situierter" Identität*, die dem Individuum in einem sozialen System zugeschrieben wird, eine Kombination von Merkmalen und Rollenerwartungen, die es kenntlich, identifizierbar macht...Objekt der Identifizierung ist eine Person, Subjekt sind andere Personen" (ebda., S. 3). Es handelt sich hier also um den Prozeß der Identifikation I (nach C.F. Graumann), bei dem Elemente der sozialen Umwelt klassifiziert werden; aus der Sicht des Objekts stellt sich der gleiche Prozeß als "Identifiziert-Werden" (Identifikation II) dar. Zur Vielzahl möglicher Merkmale, die dem Individuum von außen zugeschrieben werden können, muß man auch die regionale Herkunft der Person, ihre Gebürtigkeit, ihren Wohnstandort, den räumlichen Schwerpunkt ihrer Lebensinteressen rechnen. Denn von einem Tiroler, Münchner, Ostfriesen..., Bewohner des Stadtteils Grünwald, Kreuzberg etc. wird behauptet und erwartet, daß er bestimmte Verhaltensweisen, Merkmale oder gar Charaktereigenschaften besitzt.

Ein zweiter Arbeitsbereich kann mit den Begriffen "kulturelle/ethnische/nationale Identität", "Gruppenidentität", "corporate identity" (vergl. z.B. M. Lalli und W. Plöger 1990) oder "soziale Identität" umschrieben werden. Gegenstand der Identifizierung sind nun nicht einzelne Personen, sondern soziale Systeme, die sowohl aus der Außen- wie auch aus der Innenperspektive klassifiziert und typisiert werden. Neben Gruppen, Organisationen, Schichten, Klassen, Kulturen etc. können zu den Objekten dieser Klassifikation auch Raumausschnitte zählen, die als Symbole für derartige soziale Systeme stehen. Auch hier geht es sowohl um gruppenspezifische Deutungsmuster und Klassifikationen (Identifikation I) als auch um Identifikation II, und zwar dann, wenn die Beurteilung durch Außenstehende erfolgt ("die Deutschen, die Ostfriesen..., die Lehener"). Andererseits handelt es sich - im Falle der Innenperspektive - gleichzeitig um eine kollektive Form von "Identifikation III", die zu einem Wir-Gefühl oder Gruppenbewußtsein der Angehörigen des jeweiligen Systems führt ("wir Deutschen, wir Arbeiter...").

Der dritte Problemkreis, der den eigentlichen Schwerpunkt der soziologischen und psychologischen Identitätsforschung darstellt, bezieht sich auf jene Fälle, bei denen Subjekt und Objekt der Identifikation in *einer Person* vereint sind. Mit Begriffen wie "Ich-Identität", "personale Identität", "subjektive Identität" etc. werden selbstreflexive Bewußtseinsleistungen menschlicher Individuen angesprochen, bei denen Erfahrungen über die eigene Existenz verarbeitet werden und in deren Mittelpunkt die Wahrnehmung der zeitlichen Konstanz oder der Entwicklung des personalen Selbst steht. Bei der Beantwortung der mit subjektivem Sinn zu erfüllenden Frage "Wer bin ich?" stehen dem Individuum eine Vielfalt von Antwortkategorien offen. "Die Möglichkeiten, sich selbst zu beschreiben, sind im Prinzip unerschöpflich" (H.-P. Frey und K. Haußer 1987, S. 14). Derartige Selbstbeschreibungen sind in der Regel sehr komplex und durch eine mehrdimensionale Merkmalsmenge charakterisiert. Die relative Bedeutsamkeit der einzelnen Selbstkonzeptkategorien weist sowohl individuelle als auch gesellschafts- und kulturspezifische Abwandlungen auf. Dennoch lassen sich in einem bestimmten soziokulturellen Kontext typische "Definitionsräume" (ebda.) der personalen Identität erkennen, deren Einzelelemente ihren Sinn durch die Interaktion des Individuums mit seiner sozialen Umwelt erhalten. Zu den in der Literatur als besonders bedeutsam herausgestellten Designata der Ich-Identität zählen die Dimensionen Alter, Geschlecht, Herkunft, ethnische Zugehörigkeit, Nationalität, Körper, Lebensgeschichte, Kulturkreis, Arbeit und Beruf, Weltanschauung oder Freizeit (ebda. S. 15; vergl. auch die dort angeführte Literatur). Seit Anfang der 60er, besonders ausgeprägt seit Ende der 70er Jahre wird in diesem Katalog ausdrücklich die Dimension des physisch-materiellen Raumes berücksichtigt. Es wird also angenommen, daß das Individum für die reflexive Auseinandersetzung mit dem eigenen Selbst auch Merkmale heranzieht, die sich aus seiner Position im physischen Raum ableiten lassen (Gebürtigkeit, Wohnstandort, räumliche Schwerpunkte sozialer Interaktion, Mobilität etc.).

Der vierte Forschungsschwerpunkt bezieht sich auf den Prozeß der "Identifikation I". Er ist am stärksten von der Identitätsforschung im engeren Sinne abgekoppelt und hat sich als weitgehend eigenständiger Ansatz entwickelt. Die Zusammenhänge der dabei bearbeiteten Probleme mit Identifikation II und III wurden erst in den letzten Jahren erkannt und ausdrücklich thematisiert (vergl. etwa H. Becker und K.D. Keim 1978 oder F. Romeiß-Stracke 1984). Hier geht es um die subjektiven, gruppen- und kulturspezifischen Kategorien, Dimensionen und Inhalte der "Identifikation *von*" Umwelt. Innerhalb dieses Schwerpunktes hat auch die Geographie (im Rahmen der "Wahrnehmungsgeographie") einen beachtenswerten Beitrag erbracht. Als wichtigste Arbeitsbereiche sind die Kognitionspsychologie (vergl. z.B. J.H. Harvey, Hrsg. 1981) und die Umweltpsychologie zu nennen (vergl. z.B. R. Gifford 1987 oder D. Stokols und I. Altman, Hrsg. 1987).

Es wurde bereits angedeutet, daß zwischen den aus analytischen Gründen sauber zu differenzierenden Teilprozessen der Identifikation und den darauf bezogenen Bewußtseinsprozessen hochwirksame Zusammenhänge und Wechselbeziehungen bestehen. Die Identifikation *von* Umwelt führt für das Individuum (aber auch für die Mitglieder sozialer Systeme) zu handhabbaren kognitiven Konstrukten, die als Bezugsinstanzen für "Identifikation III" fungieren. "Identifiziert-Werden" durch die soziale Umwelt nötigt das Individuum im Prozeß der sozialen Interaktion zur Übernahme der vom Rollensender spezifizierten Erwartungshaltungen, die nach erfolgter Internalisierung zum selbstverständlichen Bestandteil der Ich-Konzeption werden können, der keine weiteren Reflexionen oder Begründungen benötigt (vergl. z.B. L. Krappmann 1973, S. 32-70). Derartige Zusammenhänge sollen im folgenden noch ausführlicher besprochen werden.

Aus den bisherigen Überlegungen läßt sich nun eine differenziertere Systematik der raumbezogenen Aspekte von Identifikation ableiten. In einer ersten Teilbedeutung beziehen sich die Begriffe "Raumbewußtsein" oder "raumbezogene Identität" auf die kognitiv-emotionale Repräsentation von Raumausschnitten (qua erfahrbaren Ausschnitten der Wirklichkeit) in Bewußtseinsprozessen eines Individuums bzw. im kollektiven Urteil einer Gruppe. Hier ist also *die subjektiv oder gruppenspezifisch wahrgenommene Identität eines bestimmten Raumausschnittes und damit auch seine Abgrenzung gegenüber der mentalen/ideologischen Repräsentation anderer Gebiete angesprochen*. In diesem Sinne wird der Begriff der raumbezogenen Identität ("place identity", "stadtbezogene Identität", "regionale Identität" etc.), verstanden als Ergebnis von Prozessen der Identifikation I, übereinstimmend von einer Vielzahl von Autoren aus den Bereichen Psychologie, Ethnologie und Soziologie verwendet (vergl. etwa M. Fried und P. Gleicher 1961, S. 308 und 310, H.M. Proshansky 1978, S. 157, A. Rapoport 1981, S. 29, T.R. Sarbin 1983, S. 338, H.M. Proshansky, A.K. Fabian und R. Kaminoff 1983, S. 62, A. Göschel 1984, S. 1/2, D.C. Reitzes 1985, S. 31, G. Schneider 1986, S. 204/5, D.C. Reitzes 1986, S. 168/9, H.-P. Meier-Dallach, S. Hohermuth u. R. Nef 1987, S. 380/1, A. Hunter 1987, S. 201, L.G. Rivlin 1987, S. 2, M. Lalli 1989, S.5/6).

Raumausschnitte (wie Wohnquartiere, Stadtteile, städtische Ballungsräume, Regionen, zentralörtliche Einzugsbereiche, Staaten etc.) stellen Gegenstände der alltagspraktischen Erfahrung dar. Sie werden dabei identifiziert (im Sinne von Identifikation I), klassifiziert und als kognitives Konstrukt handhabbar. Dieses "Zuhandensein" äußert sich besonders klar darin, daß solche

Raumausschnitte im alltagspraktischen Kontext *benannt* werden und Gegenstände intersubjektiver Kommunikation darstellen. Sie sind also nicht nur Elemente von Bewußtseinsprozessen oder "inneren Monologen" mit wenigstens in groben Zügen umrissenen inhaltlichen Bedeutungen ("Heute will ich in die *Stadt* fahren...", "Ich möchte nicht länger in *Lehen* wohnen..." etc.), sondern auch Bestandteil der umgangssprachlichen Kommunikation. Wer seinem Interaktionspartner mitteilt, er "beabsichtige nach X zu fahren", er "fühle sich in X besonders wohl", der muß voraussetzen können, daß der Partner versteht, was mit "X" gemeint ist. Wenn im Lokalteil einer Tageszeitung davon die Rede ist, daß der Stadtteil X durch den Verkehr oder durch Immissionen besonders belastet sei, dann kann der Redakteur gerechtfertigterweise davon ausgehen, daß die Leser des Blattes, soferne sie mit der Region vertraut sind, die ausgesprochene Attribuierung tatsächlich mit jener Raumstelle in Beziehung bringen, die er durch die Nennung der Lokalbezeichnung "X" gemeint hat. Zwischen Sender und Empfänger solcher Nachrichten wird natürlich kaum je vollständige Übereinstimmung hinsichtlich der Abgrenzung und der Inhalte des betreffenden Denotats bestehen - dies ist für das erfolgreiche Ablaufen der Kommunikation aber auch gar nicht erforderlich.

Selbst dann, wenn für den betreffenden Raumausschnitt kein gängiger Lokalname zur Verfügung steht, läßt sich am Beispiel spontaner Namensgebung oder begrifflicher Umschreibung erkennen, daß der betreffende Wirklichkeitsausschnitt (als Typus und konkreter Einzelfall) durch eine gedankliche Struktur repräsentiert ist. Bei einer Befragung von Bewohnern des Salzburger Stadtteils Lehen (P. Weichhart und N. Weixlbaumer 1988 und dies., 1990) hatten die Probanden sowohl eine gedankliche Repräsentation des gesamten Viertel als auch kleinerer Teilgebiete spontan verfügbar (vergl. dazu G. Hard und R. Scherr 1976, S. 177-187). Dies zeigte sich an einer häufigen und typischen Reaktion auf bestimmte Stimuli oder in einer bestimmten Gesprächssituation, wobei die Probanden sich mit einer Rückfrage vergewissern wollten, *welchen* Raumausschnitt der Interviewer nun anspreche: "Meinen Sie jetzt *ganz Lehen* oder *unsere/meine Gegend/Umgebung/ dieses "Kretzel"* hier?" Im Gespräch ergab sich dann, daß mit "unsere/meine Gegend..." die unmittelbare engere Nachbarschaft des Wohnstandortes, der tägliche engere Aktionsraum innerhalb des Wohnquartiers gemeint war, für den es in der Regel keinen gängigen Orts- oder Lokalnamen gibt. Gelegentlich werden zur näheren Umschreibung Straßennamen bzw. Straßenabschnitte verwendet. Die Häufigkeit einer solchen Reaktion deutet darauf hin, daß dieser Maßstabsbereich der "kleinen Nachbarschaft" im alltäglichen Handlungskontext als gedankliche Struktur geläufig ist und problemlos als inhaltliches Element eines Diskurses gehandhabt wird (vergl. z.B. G. Schneider 1986, S. 210). Als Beispiel für spontane Namensgebung lassen sich etwa "ungeplante Abenteuerspielplätze" von Kindern anführen. Zugängliche Schutthalden von Großbaustellen, aufgelassene Kiesgruben, kleine Wäldchen oder Augebiete etc., die als Spielareal von Kindern erobert werden, erhalten von diesen Nutzern oft spontan einen Namen, der sich dann auf einen recht genau abgrenzbaren physischen Raumausschnitt mit einer ganz bestimmten materiellen Ausstattung bezieht (die zu einer ganz bestimmten Nutzung anregt): "Treffen wir uns heute nachmittag in "der Au"/"im Dschungel"/"in der Wüste"..." "Meine Mutter erlaubt nicht, daß ich "in der Au"... spiele".

Derartige Ortsbezeichnungen oder Raumkonzepte haben aber nicht nur eine denotative, sondern auch eine konnotative Bedeutung. Die Bezeichnungen "kognitive Struktur" oder "kognitives Schema" sind daher nicht umfassend genug, um ihren lebenspraktischen Sinngehalt hinlänglich zu umschreiben[12]. Diese konnotativen Aspekte beziehen sich auf Wertzuschreibungen und Emotionen, enthalten Präferenzurteile und affektive Bestandteile auch dann, wenn keinerlei Beziehung zum jeweils aktuellen Handlungskontext des Sprechers bestehen. Auch wer schon jahrelang nicht mehr dort war, durch keinerlei aktuelle Interaktionen mit der betreffenden Lokalität verbunden ist, glaubt zu wissen, daß München, Wien, Kreuzberg, Lehen... "eine Stadt mit Herz", "eine schöne/gemütliche...Stadt", ein "sozial benachteiligter/häßlicher Stadtteil" sei. Es kann sogar angenommen werden, daß bei derartigen Raumkonzepten, die gleichsam als Ergebnis eines Prozesses der "Identifikation I" entstehen, immer auch eine konative oder volitionale Komponente mitschwingt. Die subjektive Typisierung der räumlichen Umwelt enthält Elemente, die sich auf mögliche, hypothetische oder zukünftige Nutzungen bzw.

---

12) In der Psychologie findet zur Zeit eine sehr kritische Auseinandersetzung mit der Kognitionstheorie statt. Man moniert, daß anscheinend mit der "kognitiven Wende" in dieser Disziplin "..die emotionale, pathische Seite alles Kognitiven..." vergessen wurde (C.G. Allesch 1987, S. 65). Es wird vor einer Überinterpretation der Bedeutung des Kognitiven gewarnt, bei der emotionale Tatbestände nur dann Berücksichtigung finden, wenn sie gleichsam im Spiegel kognitiver Reflexionen des Individuums, also in seinem artikulierenden Nachdenken über die eigenen Gefühle, wiedergefunden werden (vergl. D. Ulich 1982, S. 74/5). "Das heißt: nicht die emotionale, vitale Betroffenheit selbst wird erfaßt, sondern deren Abbild in der rationalisierenden Sprache von "Befindlichkeitsfragebögen"..." (C.G. Allesch 1987, S. 65). E.D. Lantermann (1983, S. 281) betont in Zusammenhang mit handlungstheoretischen Überlegungen, daß "Kognition" und "Emotion" "...keine eindeutig voneinander unterscheidbare Einflußgrößen auf das Handeln dar(stellen), sondern eher analytische Kategorien zur Beschreibung und Erklärung menschlichen Handelns...", denn "...es dürfte schwerfallen, Ereignisse zu finden, die "reine" kognitive oder emotionale Geschehnisse darstellen." Seit 1987 erscheint eine eigene Fachzeitschrift (Cognition and Emotion) zu diesem Thema (K. Oatley 1987). Generell ist das Bemühen erkennbar, über bloße Kritik hinaus konstruktiv an einer psychologischen Theorie zu arbeiten, welche imstande ist, kognitive *und* emotiale Aspekte des Erlebens zu verknüpfen (vergl. dazu H. Mandl und G.L. Huber 1983, A. Ortony, G.L. Clore und A. Collins 1988 oder C.G. Allesch 1989). In Zusammenhang mit unserer Problemstellung hat U. Fichtner (1988, S. 112/3) nachdrücklich darauf hingewiesen, daß das Emotionale und das Vor- oder Unbewußte für die Entstehung und Wirksamkeit räumlicher Identität von besonderer Bedeutsamkeit ist.

Handlungsorientierungen beziehen (vergl. D. Stokols und S.A. Shumaker 1981).

Zur terminologischen Unterscheidung der kognitiven und der emotional-konativen Bedeutung von Attributen, welche vom Subjekt verschiedenen Raumstellen zugeschrieben werden, wird in der "Wahrnehmungsgeographie" das Begriffspaar designativ - appraisiv verwendet. Designative Klassifikationskriterien beziehen sich auf beschreibende, lokalisierende und klassifikatorische Aspekte, appraisive Elemente verweisen auf Affekte, Gefühle oder Wertungen (vergl. z.B. D. Pocock und R. Hudson 1978, S. 30).

Bei der zweiten Begriffsbedeutung von "raumbezogener Identität" wird die Perspektive gewechselt. Nun steht nicht die als kognitiv-emotionale Struktur repräsentierte Einheit eines Raumausschnittes im Vordergrund, sondern die Selbst-Identität eines Individuums oder das Wir-Gefühl einer Gruppe. Als Ergebnis von Prozessen der Identifikation II und III ist "raumbezogene Identität" nun zu verstehen *als gedankliche Repräsentation und emotional-affektive Bewertung jener räumlichen Ausschnitte der Umwelt, die ein Individuum in sein Selbstkonzept einbezieht, als Teil seiner selbst wahrnimmt.* Auf der Ebene sozialer Systeme verweist der Begriff auf die *Identität einer Gruppe, die einen bestimmten Raumausschnitt als Bestandteil des Zusammengehörigkeitsgefühls wahrnimmt, der funktional als Mittel der Ausbildung von Gruppenkohärenz wirksam wird und damit ein Teilelement der ideologischen Repräsentation des "Wir-Konzepts" darstellen kann.* Auch dieses Begriffsverständnis wird übereinstimmend von Vertretern verschiedener Nachbardisziplinen geteilt[13]. Bei Berücksichtigung der Außenperspektive können Raumausschnitte auch Bestandteil der Wahrnehmung von Fremdgruppen-Identität sein und damit zur Repräsentation des betreffenden "Sie-Konzepts" beitragen.

Der physische Raum stellt also gleichsam eine Projektionsfläche für das personale Ich dar. Einzelne Raumstellen und Raumattribute sind nicht nur als Symbole sozialer Beziehungen, sondern auch als Symbole des Selbst wirksam, sie sind gleichermaßen Medium und Ausdrucksmittel der Ich-Darstellung: "Im Umgang mit der materiellen Welt entsteht durch das Handeln die emotionale Beziehung zur Umwelt, Objekte und Situationen erhalten Symbolcharakter, sie repräsentieren nach außen projizierte Ichanteile...Der Raum und seine einzelnen Objektträger und Ereignisklassen werden durch eine Fülle von Erkundungs- und Selbstbehauptungshandlungen...an das Individuum assimiliert" (G. Winter und S. Church 1984, S. 80). "...in many cases the boundary between self and the environment is far from distinct. It may

---

[13] Als Literaturhinweise dazu seien neben den zur ersten Begriffsbedeutung angeführten Zitaten noch folgende Autoren genannt: W.H. Ittelson 1978, S. 202/3, M. Fischer und U. Fischer 1981, S. 141, G. Winter und S. Church 1984, S. 80/1, oder H.P. Frey und K. Haußer 1987, S. 4. Vergl. dazu auch H. Becker, J. Eigenbrodt und M. May 1983, S. 452-454.

move outward, with part of the environment incorporated as part of the self. It may become increasingly permeable, so that the distinction between self and environment becomes unclear or...dissappears...the environment is experienced as an important part of one's self, as an integral component of self-identity... This identification with the total environment in which one is living can be so deep and sustaining that separation from it can bring grief and self-doubt" (W.H. Ittelson 1978 S. 202/3; vergl. H. M. Proshansky 1978, S. 155).

Der hier angesprochene Aspekt des Identifikationsprozesses, also die vom Individuum erlebte engste Verknüpfung zwischen dem Selbst und Bereichen der Außenwelt, wurde bereits in den klassischen Arbeiten von M. Fried (1963, vergl. M. Fried und P. Gleicher 1961, M. Fischer und U. Fischer 1981 oder W. Tessin et al. 1983) herausgestellt. Die zwangsweise Umsetzung aus der zum Bestandteil des Selbstkonzepts gewordenen Wohnumgebung wird als schwere Identitätskrise, als Entwurzelung erlebt, die beim betroffenen Individuum im Extremfall zu schweren Trauerreaktionen führen kann. Besonders ausgeprägt und verdichtet ist die personale Identifikation mit der physischen und sozialen Umwelt natürlich im Bereich der Wohnung und der unmittelbaren Wohnumgebung, die das Zentrum der "subjektiven Welt" darstellen, sie kann darüber hinaus aber auch für größere Raumausschnitte aufgezeigt werden.

Der Stellenwert raumbezogener Identität im Gesamtgefüge aller wirksamen Designata von Selbst-Identität sowie ihre relative Bedeutung für Erscheinungsformen der Gruppenidentität kann zur Zeit nicht eindeutig abgeschätzt werden. Zumindest existieren dafür in der psychologischen und soziologischen Literatur keine generalisierbaren Hinweise (vergl. M. Lalli 1989, S. 36). Man wird aber wohl davon ausgehen können, *daß ihr Stellenwert im Vergleich mit anderen Teildimensionen* (wie Geschlecht, Beruf, Kulturkreis, Körper, Alter etc.) *als eher gering anzusetzen ist.*

Bevor wir uns nun einer detaillierten Darstellung der Ausprägungsformen raumbezogener Identität, ihrer Entstehung und ihrer Bedeutung oder Funktionen für personale und soziale Systeme zuwenden, muß überprüft werden, ob eines der schwerwiegendsten Argumente der Kritiker dieses Forschungsansatzes zutrifft, nämlich die Behauptung, daß die gesellschaftliche Entwicklung zu einer zunehmenden Auflösung territorialer Bindungen und schließlich zu ihrer völligen Unwirksamkeit geführt habe.

3. DIE WIEDERBELEBUNG TERRITORIALER BINDUNGEN IM GEFOLGE GESELLSCHAFTLICHER ENTWICKLUNGSPROZESSE: VON DER MODERNE ZUR POSTMODERNE

Die gesellschaftlichen, ökonomischen und politischen Strukturen der Moderne, die in der Zeit nach dem Zweiten Weltkrieg zu ihrem Höhepunkt kulminierte, sind gekennzeichnet durch eine ganze Reihe von Gegebenheiten, in denen insgesamt eine fast globale Vereinheitlichung, Normierung und Gleichschaltung zum Ausdruck kommt. Weltwirtschaftliche Systemzusammenhänge, globale oder zumindest übernationale Märkte, Funktionalismus als übergeordnetes Gestaltungs- und Rationalitätsmodell, kulturübergreifende (Natur)wissenschafts- und Expertengläubigkeit, hochgradige Differenzierung und Sektoralisierung der Arbeitswelt, weitreichende Zentralisierung von Staatsgewalt, Entwicklung übernationaler Normierung politischer Zusammenhänge durch die Hegemoniebestrebungen der Supermächte oder durch die Schaffung politisch-ökonomischer Großsysteme (EG), Kapitalkonzentration, global agierende multinationale Konzerne und ein weltumspannendes Verkehrs- und Kommunikationssystem, das Distanzen schrumpfen und zum immer mehr vernachlässigbaren Faktor werden läßt, kennzeichnen schlagwortartig einige der Hintergründe und Ergebnisse dieser Entwicklung. Für den einzelnen Menschen und seine Einbindung in das soziale System hatte diese Entwicklung gravierende Folgen. Er ist mit einer Standardisierung von Lebenswelt konfrontiert, mit der Uniformität von Produkten und Handlungsmöglichkeiten, mit dem Abschleifen kulturspezifischer Gegensätzlichkeiten, mit einer Nivellierung von Differenzierungen, die auch zur Entstehung eines "Raums ohne Eigenschaften" (B. Waldenfels 1987, S. 490) führte. Traditionelle Bindungen wie jene zu Nationen, Ständen oder sozialen Klassen haben sich immer stärker aufgelöst, der einzelne ist in seinen Biographiemöglichkeiten durch die normierende Kraft der Arbeitsmarktgesellschaft nun an standardisierte und institutionalisierte Lebenslagen gefesselt (vergl. M. Kohli 1986). U. Beck (1986, S. 206) beschreibt diesen Vorgang der Individualisierung als "...*Herauslösung* aus historisch vorgegebenen Sozialformen und -bindungen im Sinne traditionaler Herrschafts- und Versorgungszusammenhänge..., *Verlust von traditionalen Sicherheiten* im Hinblick auf Handlungswissen, Glauben und leitende Normen...und...eine *neue Art der sozialen Einbindung*...", die sich als institutionell kontrollierte Lebenslaufmuster niederschlagen (ebda., S. 211).

Vor dem Hintergrund der eben (nur andeutungsweise) angesprochenen Gegebenheiten muß G. Hards (und anderer Kritiker) These von der völligen Bedeutungslosigkeit regionaler oder gar lokaler territorialer Bindungen, die bestenfalls als Ausfluß gezielter Manipulationen bzw. Managementstrategien von Großorganisationen wirksam werden könnten, ebenso plausibel erscheinen wie die von ihm daraus abgeleitete völlige Sinnlosigkeit einer "geographischen Regionalbewußtseinsforschung".

Viele Analysen der angedeuteten sozialen Situation stimmen nun aber auch dahingehend überein, daß das "Projekt der Moderne" - wenn man es pathetisch ausdrücken will - gescheitert ist. Mit dem fast schon anrüchig gewordenen Modebegriff "Postmoderne" versucht man seit einiger Zeit, die neueren gesellschaftlichen und geistesgeschichtlichen Entwicklungen zu charakterisieren, die als Gegenströmung und zum Teil auch als Ergebnis eines utopischen Gegenentwurfs zur Moderne anzusehen sind und die sich jenseits aller spekulativen Reflexionen auf dem Boden empirischer Analysen tatsächlich als reale Umgestaltung von sozialen und materiellen Systemzuständen belegen lassen (vergl. zu diesem gesamten Problemkreis z.B. U. Beck 1983 und 1986, aus geographischer Sicht J. Hasse 1988 b und 1989 oder R. Krüger 1988; zum geistesgeschichtlichen Hintergrund vergl. z.B. P. Kemper, Hrsg. 1988).

Es ist ein überaus schwieriges Unterfangen, die Komplexität der jüngeren gesellschaftlichen Wandlungsprozesse zu beschreiben. Die Schwierigkeit liegt unter anderem darin, daß man die gegenwärtige Phase wohl am ehesten als transitorisch, als Übergangsfeld zu verstehen hat, als Periode, in der sich die Moderne noch immer, aber auch schon nicht mehr entfalten kann, in der sich gleichzeitig moderne und postmoderne Tendenzen in sozialen, politischen, kulturellen und materiellen Strukturen realisieren (Zentralismus *und* Regionalismus, traditionelle Parteienstruktur *und* "neue soziale Bewegungen", europäische Integration *und* ethnokulturell mitbedingte Zerfallstendenzen der Weltmacht UdSSR, zivilisatorische Einheitskultur *und* subkulturelle Vielfalt etc.; vergl. P. Weichhart 1987). Glücklicherweise ist ein solches Unterfangen im Kontext der hier anzustellenden Überlegungen aber gar nicht notwendig; es wird genügen, die Aspekte der *Entfremdung* und der *Individualisierung* herauszugreifen.

Einer der entscheidenden soziokulturellen Prozesse der Moderne, welcher zur *Einebnung* sozialer Binnendifferenzierungen, zur *Ent*traditionalisierung und zur *Homogenisierung* von Lebenslagen führte, ist paradoxerweise der unter sozialstaatlichen Rahmenbedingungen systemimmanente Zwang zur Individualisierung (U. Beck 1983, S. 52/3). Damit wurde auch Identität im Sinne von Individualität oder personaler Einzigartigkeit zu einer soziokulturellen Forderung, einer Norm, welcher der einzelne gerecht zu werden hat. Persönliche Identität wurde im Verlauf der gesellschaftlichen Entwicklung zur Moderne immer mehr zu einem kulturell oktroyierten Individualitätszwang (T. Luckmann 1979, S. 294). "Das formale Prinzip, persönliche Identität so herzustellen und auszuhandeln, daß die jeweils vorhandenen Rollenerwartungen antizipiert...und die eigenen Vorstellungen dem anderen verläßlich zurückgespiegelt...werden können, daß Interaktionen berechenbar werden, wurde mit der Gesellschaftsentwicklung allmählich in eine soziokulturell normierte Zielvorgabe umgewandelt" (H.P. Frey und K. Haußer 1987, S. 10).

Auf sich selbst und die permanente Aufgabe der Identitätsfindung zurückverworfen, sieht sich das Individuum in der Moderne aber zunehmend allein gelassen. Verläßliche Identitätsnormen und Identifikationsangebote fehlen, traditionelle Wertestrukturen und Bezugshorizonte wie Rasse, Klasse, Stand, Primärgruppen, Religion, Parteien, verbindliche Wertestrukturen etc. existieren nicht mehr als ungebrochen funktionierende Systeme oder sind suspekt geworden. Dem Zwang zur Identitätsfindung und -aufrechterhaltung steht ein Mangel an Identifikationsmöglichkeiten gegenüber. Die Folge ist eine "lebenslängliche Identitätskrise des einzelnen" (ebda., S. 11; vergl. auch R. Gildenmeister und G. Robert 1987 sowie M.T. Siegert und M. Chapman 1987). Die verschwundenen Identifikationsangebote des soziokulturellen Systems werden als gesellschaftliche Sinnkrise und *Entfremdung* erlebt.

Auch der in traditionalen Gesellschaftsstrukturen bedeutsame Identifikationskomplex "Heimat", die Gesamtheit sozio-territorialer Bindungen an den engeren Lebensraum, verlor mit der Entwicklung zur Moderne sein Attraktionspotential. Technokratisch strukturierte Funktionalräume mit dem Ziel einer Optimierung von Kapitalverwertung und Arbeitsmarkt, zentralistisch gesteuerte Fremdbestimmung durch großräumig ausgerichtete Systemfunktionalität und die daraus folgende räumliche Gleichschaltung der Lebenswelt boten immer weniger Anknüpfungspunkte für komplexe und emotional befrachtete Anbindungen des Individuums an seinen Standort im Raum. Somit stellte auch die Projektionsfläche des Territoriums nur mehr eingeschränkte Möglichkeiten oder Angebote für eine Auslagerung von Ich-Anteilen bereit. In der Auseinandersetzung mit einem derartigen "Raum ohne Eigenschaften" wird das Individuum genau das erleben, was in unzähligen sozialwissenschaftlichen Analysen auch diagnostiziert wurde, nämlich Unwirtlichkeit, Entfremdung, Unübersichtlichkeit, Sinnkrise, Heimatverlust und *Sehnsucht nach Heimat*.

Vor dem Hintergrund dieser beiden Bedingungsfelder, dem im Zuge des Individualisierungsschubs gesellschaftlich vorgegebenen Zwang zur Identifikation und der Entfremdungserfahrung, ist die seit fast zwei Jahrzehnten zu beobachtende Renaissance des Heimatbegriffes in der privaten, politischen und wissenschaftlichen Diskussion zu sehen (vergl. S. Pötscher 1989). Auf der Ebene sozialer Systeme entspricht dem die Wiederentdeckung von Regionalkultur (vergl. W. Lipp, Hrsg. 1984) und der "neue Regionalismus" (vergl. R. Pieper 1987, S. 535). Es können also gerade jene Strukturen der Moderne, die "Heimat" verhindert haben, dafür verantwortlich gemacht werden, daß als gleichsam emanzipatorische Gegenposition, Antwort und Widerspruch die *Identifikationspotentiale territorialer Bindungen neu belebt werden*.

In diesem Sinne wird der postmoderne "Heimatboom" und die beobachtbare Bedeutungszunahme des Territorialen für personale und soziale Systeme von verschiedenen Autoren gedeutet. A. Göschel (1984, S. 12) spricht davon, daß die institutionelle und räumliche Distanzierung von Handlungsinhalten in der Moderne "...Anlaß einer neuen Hinwendung zum Lokalen..." sei, und er hält es für unbestritten, "...daß sich in dem Wiederaufleben des Heimatgedankens eine Modernitätskritik zeigt, ohne daß dadurch der pauschale Vorwurf der Konservativität oder gar des Reaktionären erhoben werden könnte" (ebda., S. 11)[14]. U. Herlyn (1988, S. 117) konstatiert eine "Wiederbelebung regionaler Verwurzelung" und führt Argumente und Belege dafür an, daß "...von der lokalen Lebenswelt einschließlich ihrer räumlichen Kontinuitäten stabilisierende Wirkungen auf Lebenslaufentwürfe ausgehen..." (S. 114). Auch er interpretiert dies als Reaktion und Gegenposition auf die Entfremdungserfahrungen der Moderne und die Unwirtlichkeit ihrer Lebensräume: "Aber trotzdem oder gerade deswegen scheint die das soziale Leben stabilisierende Funktion räumlicher Umgebung immer neu gesucht und gebraucht zu werden" (S. 115). Die Zunahme der Bedeutung lokaler und regionaler Bindungen wird als "kompensatorische Antwort auf grundlegende Auflösungs- und Mobilitätszwänge der Moderne" angesehen (K. Ottomeyer 1984, S. 16; vergl. K. Thum 1981, S. 34). Es wird auch darauf hingewiesen, daß die fast unbeschränkt raumüberschreitenden Möglichkeiten sozialer Interaktion und Kommunikation keineswegs in jedem Fall zu einer Einebnung regionaler Differenzierungen oder zu universalistisch-kosmopolitischen Orientierungsformen führen müssen. Denn diese Möglichkeiten der Distanzüberwindung erlauben es auch, *immer wieder zurückzukehren*, sozialräumliche Bindungen und Solidaritäten zu pflegen, selbst wenn die Lebenslaufssituation längere Abwesenheiten erfordert (H. Geser 1981, S. 171-173). Auch andere Möglichkeiten hoher Mobilität, wie die "Polizentrik" von Raumbindungen (B. Waldenfels 1987, S. 493), sind eher ein Argument *für* als gegen die aktuelle Bedeutung raumbezogener Identifikationsprozesse. Die Aufspaltung des Lebensinteresses zwischen Arbeits- und Freizeitwohnsitz läßt sich auch als Versuch deuten, am Zweitwohnsitz lokale Bindungspotentiale für Identifikationsprozesse in Wert zu setzen, die am Arbeitswohnsitz mit seiner funktionalistischen Unwirtlichkeit eben nicht realisierbar sind.

Die angesprochenen Zusammenhänge werden auch als theoretische Begründung für die sozial- und planungspolitische Praxis herangezogen (vergl. z.B.

---

14) Natürlich kann territoriale Bindung auch das zum Ausdruck bringen, kann rückwärtsgewandter Eskapismus sein, kann "zwiespältige Zuflucht" (W. v. Bredow und H.-F. Foltin 1981) bedeuten.

E. Pankoke 1977). Mit der Ideologisierung bzw. mit der praktischen Anwendung derartiger Modelle erhalten die von ihnen beschriebenen Prozesse eine rekursive Struktur: In dem Ausmaß, in dem bei der Suche nach Identifikationsangeboten und deren "Vermarktung" auf derartige Programme zurückgegriffen wird, erweist sich der darauf folgende Entwicklungsprozeß gleichsam als Verstärker oder Motor für die weitere "Produktion von Postmoderne".

Die eben referierten Befunde und Deutungen lassen die Vermutung zu, daß die aktuellen gesellschaftlichen Entwicklungsprozesse territoriale Bindungen und Identifikationen keineswegs verhindern oder gar ausschließen, sondern - in Gegensatz zu G. Hards Darlegungen - sogar ausdrücklich fördern und intensivieren. Die eher zurückhaltende Bewertung des Stellenwerts raumbezogener Aspekte im Gesamtgefüge der Identitätsdimensionen, die als Resumé des letzten Abschnittes formuliert wurde, muß also wohl dahingehend ergänzt und korrigiert werden, daß ihre Bedeutung vor dem Hintergrund und den Gegebenheiten der gegenwärtigen sozialen Situation *zunehmend größer wird*.

4. AUSPRÄGUNGSFORMEN UND FUNKTIONEN RAUMBEZOGENER IDENTITÄT AUF DER EBENE PERSONALER SYSTEME

Im folgenden soll der Frage nachgegangen werden, welche *funktionale* oder besser *finale* Bedeutung der raumbezogenen Identität in lebensweltlichen Handlungssituationen denn zukommt. Welchen *Sinn* haben raumbezogene Bewußtseinsprozesse für die personale Existenz des Einzelindividuums, welche *Aufgaben* erfüllen Aspekte der raumbezogenen Identität für soziale Gruppierungen? Wie läßt sich ihr Nutzen für die menschliche Existenz genauer umschreiben? Der hier unternommene Versuch einer detaillierteren Beantwortung derartiger Fragen unterstellt zunächst einmal, daß derartige Zweck- oder Nutzenrelationen bestehen. Aus analytischen und - wie sich zeigen wird - sachlichen Gründen soll dabei zwischen personalen und sozialen Systemen (also zwischen Individuum und sozialen Gruppierungen) unterschieden werden.

Im Gegensatz zu den Ansätzen in den Nachbardisziplinen ist die bisherige geographische Regionalbewußtseinsforschung in ihren konzeptionellen Überlegungen (und der darauf folgenden innerfachlichen Kritik) nahezu ausschließlich an der Systemebene, also an formal und institutionell organisierten Handlungsbereichen, orientiert. Damit geriet einerseits die lebensweltliche Perspektive etwas aus dem Blickfeld, andererseits konnte man auch den Bereich des Individuums weitgehend ausblenden[15]. Bei BHP wird diese Vorgehensweise forschungsstrategisch mit der Annahme begründet, daß die Systemebene gegenüber der lebensweltlich und mental organisierten Individualebene einfacher strukturiert und daher einer Analyse leichter zugänglich sei. In der Kritik dominiert als explizite oder implizite Begründung die Auffassung, daß die Systemebene als der eigentlich interessierende Forschungsgegenstand einer *Sozial*geographie angesehen werden müsse.

E. Wirth (1987) vertritt mit sehr plausiblen Argumenten die These, daß es ein "fränkisches Regionalbewußtsein" als lebensweltlich relevante kognitive Struktur im Bewußtsein der breiten Bevölkerung Frankens nicht gebe, für diese sei Franken "...keine Kategorie räumlicher Orientierung" (S. 280). "Frankenbewußtsein" sei vielmehr als "...Protest einer sich benachteiligt fühlenden kulturbewußten und wirtschaftlich aktiven Intelligenzschicht nördlich der Donau..." (S.283) zu verstehen, es werde vom Bildungsbürgertum und ihren Institutionen "gemacht". Auch bei G. Hard (1987a und 1987b) oder H.

---

[15] Möglicherweise wirkt sich hier das alte, von H. Bobek (1962) begründete Dogma der Sozialgeographie aus, daß eine Befassung mit menschlichen Individuen grundsätzlich ein Unding sei (vergl. P. Weichhart 1980). Eine weitere Ursache dürfte die Fixierung auf den Maßstabsbereich der Region sein. Bei einer Berücksichtigung der lokalen Ebene würde sich nämlich sofort die Notwendigkeit einer Thematisierung personaler Systeme erweisen.

Klüter (1986) werden Aspekte der Systemebene in das Zentrum der Überlegungen gestellt, wird davon ausgegangen, daß Regionalbewußtsein als instrumentalisierte Raumabstraktion und gezielt eingesetzte Manipulation von politischen und wirtschaftlichen Kräften bzw. Großorganisationen "gemacht" werde. Fragen der individuellen mentalen Verankerung werden nicht in Betracht gezogen. Bei BHP wird die Individualebene ausdrücklich aus dem Forschungsprogramm ausgegliedert - nicht deshalb, weil ihre Bedeutung nicht erkannt wurde, sondern unter Verweis auf die mangelnde Kompetenz der Geographie. Aus diesem Grund werden die Begriffe "Territorialität" und "Regionale Identität" nicht mehr verwendet. Aus diesem Grunde setzen BHP1 "bescheidener an" (S. 104) und betonen ausdrücklich, "...daß die bloß vage psychisch-mentale (und im sozialen Handeln konsequenzlose) Gefühlslage bei der empirischen Analyse unberücksichtigt bleiben soll" (BHP2, S. 417, Fußnote 1). Aber nicht nur emotional-affektive, sondern auch kognitive Aspekte des Regionalbewußtseins werden, wie wir schon gesehen haben, nur andeutungsweise angesprochen (etwa dann, wenn von der umgangssprachlichen Verwendung bestimmter Regionalbegriffe die Rede ist).

Wenn es also zwischen den Vertretern der geographischen Regionalbewußtseinsforschung und ihren Kritikern einen kleinsten gemeinsamen Nenner der fachlichen Überzeugung gibt, dann ist es die dezidierte Ablehnung, ja Abwertung aller auf psychische und mentale Fragen abzielenden Ansätze, die als "bloße Psychogeographie" (G. Hard 1987a, S. 146 oder 1987c, S. 34) abgetan werden und von denen angenommen wird, daß sie "...*nur* in wahrnehmungsgeographischer Sicht..." von Interesse seien (BHP2, S. 414; Hervorhebung P. W.). Man könnte fast von einer "Psychophobie" der Geographen oder zumindest einer ausgeprägten geographischen Idiosynkrasie gegenüber der Psychologie sprechen, deren nachbarwissenschaftliche Erkenntnisse man eigentlich genauso unbefangen und problemlos verwenden können sollte wie jene der Politologie, Geschichte, Wirtschaftswissenschaft oder Soziologie. Außerdem wird dabei übersehen, daß die Soziologen selbst hier einen ganz gegensätzlichen Standpunkt einnehmen. Personale Identität, die Stellung des Individuums im sozialen Gefüge und die Funktion mentaler Prozesse (Konzeptbildung, kognitive Strukturen, Image etc.) sind in dieser Disziplin wichtige und mit Selbstverständlichkeit abgehandelte Problemkreise, deren Behandlung auch eine lange Tradition hat. Die klassischen Theorien der menschlichen Identität wurden ja gerade von Soziologen entwickelt. Autoren wie C.H. Cooley (1902) oder G.H. Mead (1934) stellten vor allem die *Soziogenese* von Identität und deren Bedeutung für das Funktionieren sozialer Systeme in den Vordergrund ihrer Überlegungen. Dieser Gesichtspunkt dominiert auch die neuere Identitätstheorie (vergl. z.B. R. Harré 1983).

Aus den angeführten Belegstellen ergibt sich auch, daß Proponenten und Kritiker der "Regionalbewußtseinsforschung" zumindest prinzipiell darin übereinstimmen, daß Regionalbewußtsein und regionale Bindungen auf der Systemebene als handlungsrelevante Größen existieren und daß sie von wirtschaftlichen und politischen Kräften und Organisationen manipulativ eingesetzt werden. Dementsprechend gilt beiden das Hauptinteresse der Forschung auch den *Akteuren, die Raumbewußtsein* (letztlich als Mittel der Machtausübung) *initiieren, produzieren, generieren oder steuern*. Und dabei, so wird von den Kritikern festgestellt, handle es sich primär um Institutionen und Großorganisationen.

Es besteht nicht der geringste Zweifel daran, daß mit dem Verweis auf Institutionen und Organisationen tatsächlich ein besonders wichtiger und wirksamer Bereich der Produktion und Verwertung raumbezogener Identität erkannt und thematisiert wurde. Es ist auch zutreffend, daß die Geographie vor allem als Teil der Sozialisierungsinstanz "Bildungswesen" ein Auftrag*nehmer* in diesem Produktionsprozeß war und ist. Unbestritten ist außerdem, daß damit eine besonders wichtige Funktion raumbezogener Identität auf der Systemebene erfaßt werden kann (vergl. H. Klüter 1986). Man darf aber nicht übersehen, daß mit dieser Orientierung und Fokussierung eine ganze Reihe anderer ebenfalls sehr bedeutsamer Funktionen und Wirkungsmechanismen unberücksichtigt oder völlig ausgeblendet bleiben.

So könnte man doch auch danach fragen, was denn die Ursachen dafür sind, daß die solcherart produzierten Raumabstraktionen bei der jeweils betroffenen Bevölkerung tatsächlich ankommen. Welche Voraussetzungen und Prozesse bewirken denn, daß der *Konsument* des produzierten Regionalbewußtseins dieses dann internalisiert, sich zu eigen macht? Setzt das Faktum, daß solche Raumabstraktionen auf der Ebene des individuellen Bewußtseins instrumentalisiert werden können, nicht voraus, daß es auf eben dieser Bewußtseinsebene korrespondierende mentale Strukturen gibt?

Wollen wir also einmal versuchsweise den offensichtlich auch in der Geographie wirksamen "Imperialismus des Sozialen" (M. Zavalloni 1975, S. 198) beiseiterücken (ohne dabei in die unangemessene Gegenposition des "weltanschaulichen Individualismus" zu verfallen[16]) und einige Überlegun-

---

[16] Allerdings bekennt sich der Autor durchaus zu einem "methodologischen Individualismus", den er aber als erkenntnistheoretisches Komplement (vergl. H. Lenk 1977, S. 158/9) zu einem ebenso wichtigen "methodologischen Kollektivismus/Strukturalismus" ansieht und der als heuristisches Postulat *ohne* Anspruch auf vollständige Durchführbarkeit *für jedes* soziale Phänomen aufzufassen ist (ebda., S. 165). Ziel einer derartigen Orientierung ist es, soziale Phänomene so zu erklären, daß "...Hypothesen und Theorien über individuelles Verhalten und Handeln und seine kognitiven, motivationalen u.a. Grundlagen explizit verwendet und...die sozialen Bedingungen individueller Handlungen und kollektiver Folgen dieser Handlungen berücksich-

gen zum Sinn und Zweck raumbezogener Identität für personale Systeme anstellen.

Dieser offensichtliche Nutzen läßt sich nun ganz allgemein durch den Beitrag umschreiben, den die raumbezogene Identität (als *ein* Faktor unter anderen) *zur Entwicklung und Aufrechterhaltung der personalen Einheit, Geschlossenheit und selbstreferentiellen Struktur des Individuums leistet.* Anders formuliert, kann man auch sagen, daß sich die Begriffe "Zweck" und "Funktion" in diesem Zusammenhang auf jene mentalen/psychischen Prozesse beziehen, in denen sich die Einheit des Individuums als abgrenzbares und selbständig agierendes lebendes System äußert und reproduziert.

Dabei handelt es sich um einen Zusammenhang, der auch in der Sprache der Theorie sozialer Systeme von N. Luhmann (1985, S. 348) artikuliert und als Problem formuliert werden kann: "...eine Theorie selbstreferentieller autopoietischer Sozialsysteme provoziert geradezu die Frage nach der selbstreferentiellen Autopoiesis psychischer Systeme und mit ihr die Frage, wie psychische Systeme ihre Selbstreproduktion von Moment zu Moment, den "Strom" ihres "Bewußtseinslebens", so einrichten können, daß ihre Geschlossenheit mit einer Umwelt sozialer Systeme kompatibel ist."

Bleiben wir noch einen Augenblick bei diesem Autor und seiner faszinierenden Version der Theorie autopoietischer Systeme, deren Begrifflichkeit bestens geeignet ist, den hier zu besprechenden Sachverhalt darzustellen.

Luhmann betont ausdrücklich die Notwendigkeit, zwischen der Autopoiesis sozialer Systeme und der Autopoiesis psychischer Systeme zu unterscheiden. Beide können nicht aufeinander zurückgeführt werden (ebda., S. 355, S. 367). "Autopoiesis des Bewußtseins ist mithin die faktische Basis der Individualität psychischer Systeme. Sie liegt außerhalb aller sozialen Systeme - was nicht hindern sollte, zuzugeben, daß ihre Selbstreproduktion nur in einer sozialen Umwelt Aussicht auf Erfolg hat"[17] (S. 359). Die Individualität psychischer Systeme liegt in der zirkulären Geschlossenheit selbstreferentieller Reproduktion begründet, welche die Selbsterhaltung des Systems bedeutet. Die entscheidende Voraussetzung für Selbstreferenz ist auch bei psychischen Sy-

---

tigt werden" (W. Raub und T. Voss 1981, S. 9). Damit "...zieht dieses methodologische Prinzip nicht, wie oft fälschlich vermutet wird, Modelle atomisierter und isolierter Individuen und damit den Verlust zentraler soziologischer Explananda nach sich..." Es ist "...weder an bestimmte *Verhaltenstheorien* gebunden, noch zwangsläufig mit individualistisch-reduktionistischen Konzeptionen gekoppelt oder auf einen ontologischen Individualismus festgelegt" (G. Büschges 1989, S. 289).
[17] "Unter Bewußtsein soll dabei nichts substantiell Vorhandenes verstanden werden (wozu die Sprache uns ständig verführt), sondern lediglich der spezifische Operationsmodus psychischer Systeme" (N. Luhmann 1985, S. 355).

stemen das Erkennen von und der Umgang mit *Differenzen*: Differenzen zwischen System und Umwelt, zwischen Elementen der Umwelt, zwischen Selbstidentität und anderen Identitäten, zwischen Aktuellem und Möglichen. "Am Anfang steht also nicht Identität, sondern Differenz" (S. 112). Die Prozesse der Identifikation I bis III (nach C.F. Graumann 1983) lassen sich in der Theorie der Selbstorganisation als Differenzbildungsprozesse darstellen, die sowohl für den *Vollzug* der Autopoiesis psychischer Systeme als auch für die Selbst- und Außen*beobachtung* (S. 359) von grundlegender Bedeutung sind. "Ein individuelles System kann sich selbst beobachten und beschreiben, wenn es dafür Differenzen und Limitationen organisieren kann. Es kann diese Voraussetzungen seiner Autopoiesis in das Vorstellen miteinbeziehen...Das Individuum kann sich als Bayer beschreiben und wissen, daß es damit ausschließt, Preuße zu sein" (S. 360).

Die Selbstbeschreibung ist dem Individuum, wie wir bereits gesehen haben, unter den gegebenen gesellschaftlichen Rahmenbedingungen sogar aufgenötigt. Sie ist "...ein Prozeß, der sich selbst artikulieren und modifizieren kann und der dafür eine Semantik entwickelt, mit der das System bewußt operieren kann. Nur hierfür kann und muß das Individuum Formeln, Unterscheidungen, Bezeichnungen verwenden, mit denen es soziale Resonanz gewinnen oder abgelehnt werden kann" (S. 361). Damit wird auch ein Transfer zwischen psychischen und sozialen Systemen auf dem Weg über Kommunikation möglich. Zwar wird dadurch keine Einheit der Systeme konstituiert, Bewußtsein geht nicht in Kommunikation und Kommunikation nicht in Bewußtsein auf. In der Terminologie Luhmanns handelt es sich dabei um eine Form von *Interpenetration*: "Das soziale System stellt die eigene Komplexität, die den Test der kommunikativen Handhabbarkeit bestanden hat, dem psychischen System zur Verfügung. Die für diesen Transfer entwickelte evolutionäre Errungenschaft ist die Sprache" (S. 367). (Natürlich sind daran auch nonverbale Kommunikationsmittel beteiligt.) Damit gewinnt das psychische System auch eine besondere Kompetenz in der Fähigkeit zur *Episodenbildung* (S. 369), der Differenzierung von Handlungseinheiten und Operationen bzw. der Handhabung von "Geschichten" oder "Szenen" der erlebten Erfahrung. Gleichzeitig ist dies eine Voraussetzung für den Entwurf "möglicher Geschichten", also die Antizipation zukünftiger Episoden bei Handlungsentwürfen.

Bei all diesen Differenzbildungsprozessen, die das Individuum für seine Interaktion mit der (sozialen und physischen) Umwelt benötigt, die eine Grundlage für den Ablauf und die Selbstbeschreibung seiner autopoietischen psychischen Struktur darstellen und die in kommunikativen Beziehungen mit dem sozialen System Verwendung finden, kommen auch Unterscheidungsbereiche vor, in denen die Struktur des physischen Raums und seine Symbolik repräsentiert ist. Damit leisten die verschiedenen Aspekte raumbezogener Identität einen Beitrag zur Selbsterhaltung des Systems.

Diese Systemerhaltungsfunktionen (bzw. Funktionen zur Ausdifferenzierung des Systems im Sinne von Individuation) lassen sich nach verschiedenen Wirkungsbereichen oder thematischen Bezügen zusammenfassen (vergl. dazu I.-M. Greverus 1972, S. 303ff, J.D. Porteous 1976, S. 383, S.N. Brower 1980 oder J.R. Gold 1982). Dabei wird in der Identitätsforschung als Begründung explizit oder implizit auf die Bedürfnistheorie verwiesen. Auch die Bedürfnistheorien gehen ja letztlich davon aus, daß die Befriedigung von Bedürfnissen der Aufrechterhaltung oder Selbsterhaltung psychischer bzw. personaler Systeme dienen (vergl. z.B. A.H. Maslow 1954 oder C.P. Alderfer 1972). Bei dieser theoretischen Orientierung wird also nach dem Beitrag der Identifikationsprozesse (und im speziellen der raumbezogenen Identifikation) zur Realisierung spezifischer Bedürfnisse und Anforderungen des Individuums gefragt.

4.1 Sicherheit

Ein erster wichtiger Typus funktionaler Leistungen der raumbezogenen Identität wird mit dem Grundbedürfnis "Sicherheit" in Verbindung gebracht. Damit ist nicht nur das Fehlen bzw. die Kalkulierbarkeit physischer oder körperlicher Bedrohung gemeint, sondern vor allem die psychische Sicherheit der Umwelterfahrung. Man geht von der doch recht plausiblen Annahme aus, daß es für das Individuum von erheblichem Nutzen ist, wenn die auf seine Umwelt bezogenen Differenzbildungsprozesse für ihn ein kohärentes, sinnvoll und einfach interpretierbares Muster, eine hohe Deutungssicherheit ergeben. Diese Leistung bezieht sich also auf die psychische *Reduktion von Komplexität* in der Wahrnehmung und Wertung der Umwelt, auf die Herstellung von Konstanz und handhabbarer Struktur der Welterfahrung. Damit ist eine Hauptfunktion des Prozesses der Identifikation I umschrieben. Zu den Objekten der Identifikation zählen natürlich auch Elemente des physischen Raumes, die als Landmarken, Areale, Einzugs- oder Zuständigkeitsgebiete, Barrieren, Pfade etc., aber natürlich auch als Symbolträger oder als emotional aufgeladene Ausschnitte der Wirklichkeit klassifiziert werden.

In diesem Zusammenhang werden in der Kognitions- und Umweltpsychologie eine Gruppe empirischer Befunde und gut bewährter Hypothesen diskutiert, die unter der Bezeichnung "Ankerpunkt-Hypothesen" (anchor point) zusammengefaßt sind. Im Zentrum dieser Hypothesen steht die Annahme, daß die kognitive Organisation des menschlichen Bewußtseins, die gedankliche Konzeptbildung und die Klassifizierung der Umwelt (also die Ergebnisse von Identifikation I), die sich im Verlauf der Sozialisation, Persönlichkeitsentwicklung und Lebensgeschichte ausbilden, auf den jeweiligen *Standort* der betreffenden Person im physischen, sozialen und kulturellen Raum bezogen sind. Dabei erarbeitet sich das Individuum ein relativ stabiles Gerüst an Differenzbildungsroutinen, die Entscheidungs- und Wertungssicherheit vermitteln. S. Wapner (1981, S. 232; vergl. dazu auch R.G. Golledge und A.N. Spector 1978) betont, daß derartige Bezüge auf stabile Ankerpunkte die Manifestation eines psychischen Grundprinzips von vielfältiger Anwendbarkeit seien: "...some relative stable reference point, frame of reference, or standard is required as a basis for establishing a cognitive organization. This principle appears to hold with diverse material". Die Ankerpunkttheorie ist ein Bestandteil verschiedener Lerntheorien, sie kann für das Lernen von Nonsense-Sätzen ebenso bestätigt werden wie für die kognitive Organisation interpersonaler Sozialbeziehungen, für die ontogenetische Ausdifferenzierung kognitiver Prozesse und natürlich auch für die kognitive Strukturierung räumlicher Elemente der Lebenswelt. Der letztgenannte Aspekt wird zusätzlich abgesichert durch die Ergebnisse verschiedenster Arbeiten zum Thema Raumwahrnehmung, die zeigen, daß es so etwas wie eine Expansion oder Aufblähung des subjektiven Raumes im Bereich von Referenzpunkten wie dem Wohnstandort, dem Arbeitsplatz oder dem CBD und den Verkehrsachsen zwischen diesen Raumstellen gibt (vergl. z.B. R. Lloyd und C. Heivly 1987 sowie E.K. Sadalla, W.J. Burroughs und L.J. Staplin 1980 oder R.G. Golledge et al. 1985). Aus der Kulturphilosophie und der Umweltpsychologie kennen wir den Begriff des "hodologischen Raumes" und des "zentrierten Raumes" (O. Bollnow 1963, B. Waldenfels 1987 oder L. Kruse und C.F. Graumann 1978). Dem entspricht in der phänomenologischen Sozialforschung eine Raumkonzeption, welche sich als leibzentriertes Referenzsystem darstellt, dessen Koordinatennullpunkt der Körper des Handelnden ist und das durch andere Orientierungspunkte subjektiver Relevanz (Wohnung, magische oder religiöse Orte) ergänzt wird (B. Werlen 1987, S. 178-180). Diese kognitive Zentrierung der Welterfahrung auf die unmittelbare Nahumgebung und die damit gewonnene Erfahrungssicherheit sind wesentliche Voraussetzungen dafür, daß die räumliche Umwelt nicht als bedrohender Streßfaktor, sondern als Stimulations- und Satisfaktionsraum erfahren werden kann. Und sie ist die Voraussetzung für umweltbezogene Lernprozesse im Zuge der ontogenetischen Entwicklung (vergl. z.B. A. Biel 1982).

Die erste Leistung raumbezogener Identität liegt also in der Erfahrung von Sicherheit, Konstanz und Vorhersehbarkeit, die eine notwendige Vorbedingung für Handlungsentwürfe und die Entwicklung oder Festigung der Ich-Identität darstellt (vergl. E.H. Erikson 1973 oder J. Aronoff und J.P. Wilson 1985, S. 33). Die Ankerpunkttheorie besagt auch, daß der Wohnstandort und dessen Nahumgebung als Zentrum des jeweiligen Lebensraumes für diese

Erfahrung eine wesentliche Rolle spielt. Das "Heim" wird zum Modell oder Muster, nach dem die Dinge der Außenwelt beurteilt werden (E.E. Boesch 1983, S. 353). In seinen Jugenderinnerungen sagt Elias Canetti (1979, S. 9) über seinen Heimatort: "Alles, was ich später erlebt habe, war in Rustschuk schon einmal geschehen".

Gleichzeitig sichert dieser Domi-Zentrismus, der also auch auf "früheren Heimen", auf Identifikation von Umwelt in vergangenen Lebensphasen basiert, die Wahrnehmung und Beurteilung der zugeschriebenen *Nutzungsrelevanz* von Umweltausschnitten. Das auf einen Raumausschnitt bezogene kognitive Muster enthält Hinweise darauf, "...what should happen in it, what the setting is supposed to be like, and how the individual and others are supposed to behave in it" (H.M. Proshansky, A.K. Fabian und R. Kaminoff 1983, S. 67).

4.2 Aktivität/Stimulation

Damit kommen wir zur nächsten systemerhaltenden Funktion, zu der die raumbezogene Identität einen Beitrag leisten kann. Sie wird mit dem Schlagworten "Aktivität" und "Stimulation" umschrieben und kann bedürfnistheoretisch auf das Wachstumsmotiv der Selbstverwirklichung zurückgeführt werden. Die Differenzbildungsprozesse des personalen Systems beziehen sich auch auf die subjektiv bedeutsamen Nutzungspotentiale der Umwelt. "Was *Tolman* als die discriminanda, manipulanda und utilitanda des Verhaltensraumes bezeichnet, sind - frei ins Humanpsychologische übersetzt - Umweltqualitäten der relativen Geeignetheit für die jeweilige Handlungsintention des Subjekts. Was immer wir in der Welt um uns geeignet, dienlich, tauglich, brauchbar finden, ist - so meinen wir - mehr oder minder *gut* für irgendetwas, das wir vorhaben" (L. Kruse und C.F. Graumann 1978, S. 187). Die identifizierten Umweltausschnitte können also stimulieren, zu bestimmten Erlebnissen oder Handlungen anregen. K. Lewin (1926) hat dafür den Begriff des "Aufforderungscharakters" bzw. der "Valenz" eingeführt, J.J. Gibson (z.B. 1977) spricht von "affordance". "Aufforderungscharaktere sind jene erlebten Umweltqualitäten, die uns "in unserer Eigenschaft als handelnde Wesen" zu bestimmten Handlungen "auffordern"" (L.Kruse und C.F. Graumann 1978, S. 187).

Der entscheidende Aspekt dieses Funktionsbereiches ist aber die aktive und kreative Auseinandersetzung des Individuums mit seiner Umwelt im Rahmen intentional bestimmter Handlungsvollzüge. Der Schweizer Geograph

E.A. Brugger hat diesen Aspekt in der Diskussion zu einem Vortrag[18] auf den Punkt gebracht: "Heimat ist dort, wo man Ursache von etwas ist". Die gestaltende, eingreifende und Einfluß nehmende Interaktion mit der Umwelt, die als besonders bedeutsamer Teilbereich des Prozesses der *Aneignung* zu sehen ist, das "...Hinterlassen von Spuren, in denen man sich selbst...wiedererkennt" (U. Mai 1989, S. 13), vermag dem Individuum zumindest die Illusion von Selbstbestimmbarkeit, Autonomie und Kompetenz zu vermitteln und trägt damit zur Ausdifferenzierung und Festigung der Ich-Identität bei (A. Rapoport 1981, S. 22). Der engere Lebensraum des Menschen ist jener Bereich, den er (zumindest in Grenzen und im Gunstfalle) kontrollieren, nutzen, beeinflussen, erobern, durch eigene Aktivitäten gestalten kann - auch wenn es sich dabei objektiv gesehen um undramatische und bescheidene Formen des bloßen "Zurechtrückens" oder "Passend-Machens" handelt (G. Winter und S. Church 1984, S. 83). Gerade diese Funktion ist - zumindest für jenen großen Teil der Gesamtbevölkerung, der aufgrund seiner Position im Arbeitsprozeß *dort* eher Entfremdung erlebt - vor allem auf die Wohnung und die unmittelbare Wohnumgebung beschränkt. Das Heim ist ein "Ort des leichten Handelns" (E.E. Boesch 1983, S. 350). Gerade weil die Wohnung als Ort zumindest relativer Autonomie und Handlungsfreiheit empfunden wird (vergl. K. Dovey 1985, S. 43), stellt sie für das Individuum auch einen Ankerpunkt für diesen Funktionsbereich dar, der in besonderem Maße auf einer *Interaktion mit der materiell-physischen Umwelt bzw. mit Dingen basiert* (vergl. dazu vor allem M. Csikszentmihalyi und E. Rochberg-Halton 1981 oder A. Lang 1988 und in Druck 1991)[19]. Die Einrichtung und Gestaltung der Wohnung, Gartenarbeit (vergl. z.B. R. Kaplan 1973) oder die Teilnahme an lokalen Bürgerinitiativen und Aktionsgruppen (G. Winter und S. Church 1984) sind überwiegend oder zumindest teilweise auf die Veränderung, Gestaltung oder Aufrechterhaltung physischer Gegebenheiten ausgerichtet.

Dieser Funktionsbereich "Aktivität/Stimulation" wird oft ausdrücklich angesprochen, wenn in der sozialwissenschaftlichen Literatur die Bedingungen eines emanzipatorischen Heimatbegriffs diskutiert werden (vergl. z.B. H. Bausinger 1983, G. Winter und S. Church 1984, J. Hasse 1985, R. Krüger 1987 oder U. Mai 1989). In diesem Sinne wird Aneignung verstanden als "...act of exercising control over a particular physical setting" (S.N. Brower 1980, S. 183; vergl. auch C.M. Werner, I. Altman und D. Oxley 1985, S. 5, P. Korosec-Serfaty 1985, S. 74-76 oder K. Dovey, 1985, S. 47). P.-H. Chombart de Lauwe (1977, S. 6) beschreibt die Aneignung des Raumes als das "...Resultat der Möglichkeit, sich im Raum frei bewegen, sich entspannen, ihn besitzen zu

---

18) Festkolloquium zum 80. Geburtstag von H. Bokek, Wien, 28. 10. 1983.
19) Eine ausführlichere Diskussion der Bedeutung physisch-materieller Dinge folgt in Abschnitt 7.

können, etwas empfinden, bewundern, träumen, etwas kennenlernen, etwas den eigenen Wünschen, Ansprüchen, Erwartungen und konkreten Vorstellungen gemäßes tun und hervorbringen zu können. Die Aneignung des Raumes entspricht so einer Gesamtheit psychologischer Prozesse, die in der Subjekt-Objekt-Beziehung verortet sind...Sie vermittelt die Formen alltäglicher Praxis (die Verhaltensweisen, das Handeln) mit den kognitiven und affektiven Prozessen". Das hier angesprochene Spannungsgefüge zwischen Aneignung und Entfremdung[20] steht also natürlich auch mit dem Aspekt der Sicherheit in Zusammenhang. Im Prozeß der Aneignung werden jene stabilen subjektiven Referenzpunkte räumlich-sozialer Erfahrung aktiv erworben und verinnerlicht, die dann als problemlos verfügbare Bezugsraster der kognitiven und emotionalen Orientierung zum Erleben existentieller Sicherheit beitragen.

4.3 Soziale Interaktion/Symbolik

Eine weitere Leistung territorialer Bindungen, jene der sozialen Interaktion und sozialen Symbolik, wurde in der einschlägigen Literatur am ausführlichsten diskutiert. Sie steht in enger Wechselbeziehung mit Aktivität/Stimulation und kann bedürfnistheoretisch auf die Motive Statusstreben, Zugehörigkeit und Liebe bezogen werden. Seit H. Treinen (1965) wurde immer wieder versucht, territoriale Bindungen und Identifikationsprozesse des Menschen *ausschließlich* an diesem Aspekt festzumachen. Der physische Raum wird hier als territoriale Projektionsfläche von Werten, Sinnkonfigurationen und sozialen Bezügen dargestellt, er gilt als symbolische Repräsentation sozialer Interaktionen und sozialer Werte. Er ist also ein wichtiger Informations- oder Bedeutungsträger und demnach Bestandteil sozialer Kommunikation. Unbestritten handelt es sich hier um einen besonders wichtigen Aspekt territorialer Bezüge des Menschen, der aber nicht isoliert gesehen werden darf. Der physische Raum ist einer der Ausdrucksträger und Symbole für die Inhalte des "kollektiven Gedächtnisses" (M. Halbwachs 1967) sozialer Systeme, in das die Individuen im Verlaufe des Sozialisationsprozesses eingebunden werden und das ebenfalls dazu beiträgt, ihnen Sicherheit und Konstanzerfahrung zu vermitteln. Er ist Symbol und physische Manifestation kollektiv geteilter Werte und Gefühlslagen (W. Firey 1945), auf die sich individuelle Zugehörigkeitsgefühle beziehen. In dieser Symbolbedeutung sind

---

[20] Das Begriffspaar Aneignung-Entfremdung läßt sich auch außerhalb einer ausdrücklich marxistischen Position sehr gut als konzeptionelles Instrument zur Erfassung existentieller Erfahrungsmodi des Menschen verwenden (vergl. H.-H. Schrey, Hrsg. 1975).

Elemente des physischen Raumes (bauliche Strukturen, physische Barrieren oder Übergänge, Grenzen oder Brücken, Materialien, Formelemente etc.) auch Signale der Statuszuschreibung, Ausdrucksmittel von Ideologien sowie Manifestation und Instrument von Macht und Herrschaft (vergl. dazu auch H. Berndt, A. Lorenzer und K. Horn 1968).

Natürlich steht bei dieser Funktion die Bedeutung, der Sinn des Zeichens im Vordergrund, und nicht der Zeichen*träger*. Symbolträger sind austauschbar. Die gleiche Botschaft kann mit Hilfe unterschiedlicher Medien vermittelt werden. Für den individuellen Adressaten, den Empfänger der Botschaft, der im lebensweltlichen Kontext in der Regel ja keine semiotischen Reflexionen anstellt, können Inhalt und Zeichenträger aber zu einer Einheit verschmelzen, stehen Elemente des physischen Raumes nicht nur als Zeichen *für* etwas, sondern sie *sind* der Inhalt des Zeichens[21]. Das hängt auch damit zusammen, daß physisch-materielle Strukturen neben der Zeichenfunktion gleichzeitig auch andere funktionale Leistungen erfüllen. Es handelt sich also um Zeichen, bei denen der Signifikant nicht nur als Zeichen verwendet werden kann. Das durchgestylte Eigenheim in einem statushohen Wohngebiet, das den Besitzer auf komfortable Weise alle Aspekte der Wohnfunktion verwirklichen läßt, ist damit gleichzeitig Zeichen *und* physische Realisation der sozialen Position seines Besitzers[22]. Der Dom ist als Manifestation metaphysischer Bezüge *Ausdruck und Inhalt* religiöser Bindungen.

4.4 Identifikation und Individuation

Der Wirkungsbereich, auf den alle anderen Funktionen letztlich bezogen sind und dem damit die entscheidende Schlüsselstellung zukommt, bleibt aber die *Individuation*, für die auf dem Weg über Prozesse der Identifikation II und III auch die soziale und physische Umwelt eine entscheidende Rolle spielt. Wie wir gesehen haben, ist der physische Raum sowohl eine Be-

---

21) Wie G. Hard (mündliche Mitteilung) angemerkt hat, muß diese Aussage aus der Sicht der Semiotik zunächst völlig unsinnig erscheinen. Denn ein Zeichen ist ja eben dadurch definiert, daß es nicht auf sich selbst, sondern auf etwas anderes verweist. Der hier angesprochene funktionale Zusammenhang geht aber über die Semiose (den Zeichenprozeß) hinaus: "Wenn, nach dem Zustandekommen der Bezugnahme, der Gegenstand intendiert wird, kommt es zu einer Beziehung empirischer Verifikation zwischen Zeichen und konkretem Sachverhalt, und diese Beziehung ist außersemiotisch" (U. Eco 1977, S. 168).
22) J.S. Duncan (1985, S. 135) vermutet, daß sich in der gegenwärtigen gesellschaftlichen Situation das Statusstreben als Ausdruck der Identitätsfindung deshalb so deutlich durch den Bezug auf physische Objekte manifestiert, weil "...collective markers of identity...are...very weak or nonexistent".

zugsebene sozialer Werte und Interaktionen als auch eine Projektionsfläche für das *personale Ich*. Einzelne Raumstellen und Raumattribute sind nicht nur als Symbole sozialer Beziehungen und sozialer Werte, sondern auch als Symbole des Selbst wirksam, sie sind gleichermaßen Medium und Gegenstand der Ich-Darstellung.

Durch diesen Vorgang kann es zu einer partiellen Gleichsetzung der Person mit der Umwelt kommen. Objekte und Ausschnitte des physischen Raumes werden für die Identitätsbildung zugänglich, für die eigene Selbstdefinition nutzbar (M. Lalli 1989, S. 5/6, H.M. Proshansky, A.K. Fabian und R. Kaminoff 1983). Im Zentrum steht auch hier wieder die Wohnung und deren unmittelbare Nahumgebung, die für das Individuum gleichsam als Teil oder Spiegelbild des Selbst wahrgenommen werden. "The home environment...becomes in some sense a part of ourselves" (D. Appleyard 1979, S. 278). "...housing is commonly used to define the self and to communicate one's identity to others" (E.K. Sadalla, B. Vershure und J. Burroughs 1987, S. 570; vergl. C. Cooper 1974, D.G. Hayward 1975, S. 7 oder J.S. Duncan, Hrsg. 1981).

Der hier angesprochene Nutzen raumbezogener Identität besteht für das Individuum also darin, daß in seinen Bewußtseinsprozessen ein Komplex positiv und negativ gewichteter kognitiver Strukturen als Repräsentation physischer Umweltausschnitte verfügbar ist und die Designate und Konnotate dieser Strukturen "...help to define who and of what value the person is both to himself and in terms of how he thinks others view him" (H.M. Proshansky, A.K. Fabian und R. Kaminoff 1983, S. 74).

Eine besonders wichtige systemerhaltende Leistung raumbezogener Identität ist dabei die im Prozeß der Identifikation I sich vollziehende Wahrnehmung der zeitlichen Konstanz und Beständigkeit der physischen Umwelt. Diese Wahrnehmung bietet dem Individuum einen Hintergrund für die Sicherung und Bestätigung der Konstanz und zeitlichen Dauer des eigenen Selbst: "The perceived stability of place and space...correspondingly validates the individual's belief in his or her own continuity over time" (H.M. Proshansky, A.K. Fabian und R. Kaminoff 1983, S. 66; vergl. J.R. Gold 1982, S. 55, M.W. Lavin und F. Agatstein 1984, S. 52ff oder M. Lalli 1988b, S. 3). R. Coles (1970) hat bei Kindern von Wanderarbeitern charakteristische psychische Störungen diagnostiziert, die sich als negative oder fragmentierte Selbstkonzepte äußern. Er führt dies auch auf die ständig wechselnde Schul- und Wohnumgebung dieser Kinder zurück. Die hohe Mobilität läßt die eben angesprochenen Kontinuitätswahrnehmungen offensichtlich nicht zu. Die Folge der daraus resultierenden mangelnden territorialen Bindung (uprootedness) können gerade in der kritischen Entwicklungsphase der Kindheit Störungen der Selbstidentität sein.

Die hohe Relevanz dieses Zusammenhangs zwischen der wahrgenommenen Beständigkeit der Umwelt und dem subjektiven Evidenzgefühl, sich selbst im Zeitverlauf zwar zu verändern, aber dennoch immer dieselbe Person zu bleiben, wird auch in der gegenwärtigen Persönlichkeitspsychologie ausdrücklich herausgestellt (vergl. R. Harré 1983, Kapitel 8 oder J. Aronoff und J. P. Wilson 1985).

Auch der Gesichtspunkt der Besonderheit oder individuellen Einzigartigkeit, der für die Identitätsfindung eine Rolle spielt, wird durch territoriale Bindungen unterstützt. Sich selbst als Bewohner einer bestimmten Stadt oder eines bestimmten Stadtteils definieren zu können, trägt dazu bei, daß sich das Individuum in dieser Besonderheit abgehoben fühlt von anderen Menschen, die nicht das Privileg (oder das Stigma) besitzen, Bewohner dieses Raumausschnittes zu sein (M. Lalli 1988 a, S. 306).

Der Bezug zur Ich-Identität ist neben der sozialen Symbolik die wichtigste Grundlage für die Enwicklung von Gefühlen der Zugehörigkeit, der Bindung, von "place-attachment", "place-belongingness" (H.M. Proshansky, A.K. Fabian und R. Kaminoff 1983, S. 76, L.G. Rivlin 1987, S. 12/13) oder der Loyalität, die ein Individuum für einen bestimmten Raumausschnitt und seine Mitbewohner empfindet. Es kann auch negative Ausdrucksformen dieser Bindung geben. Die Verknüpfung des Selbst mit der sozialen und physischen Umwelt bedeutet dann Zwang, Stigma oder Gefangensein (vergl. z.B. A. Rapoport 1981, S. 14 oder K. Dovey 1985, S. 46).

Besonders eindeutig lassen sich derartige Phänomene am Extremfall psychopathologischer Störungen belegen. Auch in der Psychiatrie werden Zusammenhänge zwischen Selbst und raumbezogenen Aspekten der Identität diskutiert und sogar für therapeutische Zwecke genutzt. Schwere Fälle von Identitätsstörungen, wie sie bei Alkoholikern vorkommen, weisen als Teil des typischen Krankheitsbildes die Wahrnehmung einer räumlichen Entfremdung oder Entwurzelung auf: "The alcoholic's day-to-day life is often dominated by a lack of selfworth. He or she may feel lost and question his or her identity and value as a person. In part, this frequent confusion of self is characterized by uprootedness - a sense of non-belonging to place" (M.A. Godkin 1980, S. 75). Aus der Analyse territorialer Bindungen seiner Patienten, die allerdings nur auf wenigen Einzelfällen basiert, leitet M. Godkin die Folgerung ab, daß "...positive images of place can provide a concrete focus for the attachment, retention and development of self-identity. Experiences supporting a sense and coherence of self are "captured" and retained in memory partially as an image of the place where the positive experiences originally occured. In other words, a sense of self-identity is partially incorporated into an individual's being when anchored to the place in which it was experienced" (ebda., S. 79).

In einer Untersuchung über das Heimweh-Phänomen verwendet K. Gasselsberger (1982) einen lernpsychologischen Ansatz, der generell in der Depressionsforschung eingesetzt wird, um die Wirkungen sozialer und physischer ("territorialer") Faktoren auf dieses depressive Krankheitsbild ätiologisch einzugrenzen. Heimweh wird als Ausdruck einer depressiven Traumatisierung verstanden, die aus Deprivations- und Separationserlebnissen infolge von *Verstärkerverlusten* resultiert. Im Verlauf der Entwicklung eines Individuums werden die primären Bedürfnisse unter spezifischen Begleitumständen erfüllt. Dadurch entsteht eine Verknüpfung zwischen Begleitumständen und Bedürfnisbefriedigung, welche den Rahmenbedingungen spezifische Verstärkerqualitäten verleiht. Der Verlust solcher Verstärker etwa in einer neuen Umgebung kann demnach das betreffende Krankheitsbild erklären. Bei der Diskussion der empirischen Ergebnisse stellt K. Gasselsberger ausdrücklich heraus, daß physischen Umweltfaktoren wie landschaftlichen Gegebenheiten, topographischen Merkmalen und Stadt-Land-Gegensätzen eine signifikante Verstärkerqualität zukommt (S. 196/7).

Auf die am pathologischen Grenzfall erkennbare partielle Gleichsetzung von physischer Außenwelt und personalem Selbst verweisen auch andere Beobachtungen. Bei der Erinnerung an signifikante Lebensereignisse, die für die Konzeption von Ich-Identität Bedeutsamkeit besitzen, kommt es zu einem Verschmelzen der räumlich-materiellen Bühne dieser Ereignisse mit den Inhalten, Abläufen und Personen des Geschehens. Der Ort des Geschehens von "personal narratives" (T.R. Sarbin 1983, S. 340) geht eine enge Verbindung mit der Person des Hauptdarstellers ein, die "signifikanten Geschichten" werden zu "tales of places" (D.E. Sopher 1979, S. 136). G. Schneider (1986, S. 209/10) berichtet, daß etwa 60% der von ihm untersuchten Probanden "...narratively mentioned aspects of themselves or their biographies that are in one way or other interwoven with their lives in their neighborhoods. One could hypothesize that these narrative episodes reflect a remarkable personal valence of neighborhoods". In diesem Sinne sind wohl auch Berichte von Personen zu bewerten, deren psychische Reaktion auf den kriminellen Akt eines Einbruches in ihre Wohnung oder ihr Haus ein hohes Maß an "Selbst"-Betroffenheit offenbart. Das gewaltsame Eindringen in die Wohnung, die Verletzung des physischen Rahmens der Intimsphäre, wird als Verletzung und Schändung der Ich-Identität empfunden. Das Einbruchsopfer, das zum Zeitpunkt der Tat gar nicht anwesend war, fühlt sich durch das gewaltsame Eindringen in die Wohnung im Kern seiner Persönlichkeit beschmutzt, besudelt oder gar vergewaltigt (C. Cooper 1974).

Aus den bisherigen Überlegungen lassen sich zwei situative Lebenszusammenhänge erkennen, welche für die Genese und Effektivität territorialer Bindungen besonders wichtig sind. An erster Stelle ist hier die *Kindheit* als jene Entwicklungsphase des Individuums zu nennen, in der die erste Eroberung und Aneignung von Welt stattfindet (W. Brepohl 1952/53, S. 17). Neben dem Elternhaus und der Schule sind die unmittelbare Nahumgebung der Wohnung und die Spielbereiche des Kindes jene Orte, in denen die Primärsozialisation und das Rollenlernen stattfinden und die gleichzeitig auch *Inhalte* des Sozialisationsprozesses darstellen (R.K. Merton 1948, S. 180, A. Lehmann 1978, S. 53, A. Rapoport 1981, S. 11, H. Walter 1981, S. 14, L.G. Rivlin 1987, S. 10).[23] Umgekehrt ist gerade die Phase von der Kindheit zur Pubertät einer der wichtigsten Abschnitte für die Entwicklung der Ich-Identität des Menschen. Entsprechend hoch ist demnach auch die Bedeutung jenes räumlich-sozialen Rahmens einzuschätzen, der als materielle Bühne dieser Entwicklung wirksam wird (vergl. E.H. Erikson 1968 sowie H.M. Proshansky, A.K. Fabian und R. Kaminoff 1983, S. 75).

Der überragende Einfluß der Gebürtigkeit auf die Stärke oder das Ausmaß von Identifikationsprozessen ist ein empirisch sehr gut abgesichertes Ergebnis der Forschung. M. Lalli (1988 a, S. 308) hat gezeigt, daß die in einer Stadt geborenen Personen sich in höherem Maße mit dieser Stadt identifizieren als zugewanderte Personen. Der Unterschied zwischen Gebürtigen und Zugewanderten kann sogar noch über einige Jahrzehnte nachgewiesen werden. Aus diesem Befund leitet Lalli die Vermutung ab, daß die Herausbildung ortsbezogener Identität nicht allein aus der Summe der sozialen Erfahrungen erklärt werden kann (vergl. M. Lalli 1989, S. 14).

Ein anderer entscheidender Kontext ist wohl die aktive Aneignung der "zweiten" (und weiteren) Heimat bei der Gründung eines neuen (etwa des ersten eigenen) Wohnsitzes bzw. die Gründung eines Zweitwohnsitzes. Die damit verbundene aktive Aneignung des neuen oder zusätzlichen Zentrums der Lebenswelt ist als prominentes Mittel zu Realisierung des Motivs der Selbstverwirklichung anzusehen, dem ja im gegenwärtigen gesellschaftlichen Wertesystem ein besonders hoher Rang zugebilligt wird.

Abschließend sei auf eine der Basishypothesen der Persönlichkeitspsychologie verwiesen, die besagt, daß menschliche Individuen sich hinsichtlich ihrer Persönlichkeitsstruktur (also der relativ stabilen Organisation motivationaler

---

[23] "Da das Kind sich seine signifikanten Anderen (und seine "signifikanten Orte"; P.W.) nicht aussuchen kann, ist seine Identifikation mit ihnen quasi-automatisch, und aus demselben Grunde ist seine Identifikation mit ihnen quasi-unvermeidlich. Es internalisiert die Welt seiner signifikanten Anderen nicht als eine unter vielen möglichen Welten, sondern als die Welt schlechthin, die einzige vorhandene und faßbare. Darum ist, was an Welt in der primären Sozialisation internalisiert wird, so viel fester im Bewußtsein verschanzt als Welten, die auf dem Wege sekundärer Sozialisation internalisiert werden. Wie weit auch immer das ursprüngliche Gefühl der Unausweichlichkeit späterer Ernüchterung weichen mag: die Erinnerung an eine nie wiederkehrende Gewißheit früher Morgenröte der Wirklichkeit bleibt der ersten Welt der Kindheit verhaftet" (P.L. Berger und T. Luckmann 1971, S. 145).

Dispositionen) mehr oder weniger voneinander unterscheiden. Demnach ist zu vermuten, daß territoriale Bezüge zwar als Grundprinzip der kognitiven und personalen Struktur des Menschen, also quasi als "anthropologische Konstante", angesehen werden können, daß Einzelindividuen aber in *unterschiedlicher Intensität* auf dieses Phänomen ansprechen. Es wird angenommen, daß Einzelindividuen unterschiedliche Positionen auf einer persönlichkeitspsychologisch relevanten Skala einnehmen können, die zwischen den Polen "Lokalismus" und "Kosmopolitismus" aufgespannt ist (vergl. z.B. D. Pocock und R. Hudson 1978, S. 66, M. Fischer und U. Fischer 1981 oder K. Gasselsberger 1982; vergl. auch H.M. Proshansky, A.K. Fabian und R. Kaminoff 1983, S. 76). Raumbezogene Identität ist also weder eine inter- noch eine intraindividuell stabile Größe, es lassen sich Unterschiede der individuellen Ausprägung und Unterschiede in verschiedenen Lebensabschnitten bzw. Lebensstilen erkennen (M. Lalli 1990; vergl. dazu auch S. Wapner 1981, S. 226 und 232). Zusammenhänge dieser Ausprägungsunterschiede mit verschiedenen Phasen oder Statussystemen der Ich-Identität wurden von M.W. Lavin und F. Agatstein (1984, S. 54-56) diskutiert.

In diesem Zusammenhang ist auch auf Überlegungen hinzuweisen, die vor allem von "postmodernen" Sozialwissenschaftlern (z.B. J. Baudrillard 1986) zum Thema Individuum und Identität angestellt wurden und auf die im Fach Geographie J. Hasse (1988 b oder 1989) aufmerksam gemacht hat. Als Folge der jüngeren gesellschaftlichen Entwicklungen könne das Subjekt nicht mehr als universalistisch gedachte Einheit verstanden werden. Man müsse vielmehr von einem "fraktalen Subjekt" sprechen, das in "...Teile zerfallen ist ("Teile" im Sinne von Kopien seiner selbst) und nur noch zwischen den diversen Einsatzorten flottiert, zirkuliert und bewegt wird...Wenn das Subjekt also "fraktal" ist, dann hat das für unseren Gegenstand der regionalen Identität Konsequenzen: Es wäre dann die emotionalisierte Bindung an einen Raum nicht mehr nur *vertikal* zu denken (national bis lokal), sondern - in Orientierung an den gesellschaftlichen Pluralisierungsformen - nun auch *horizontal*. M.a.W.: jemand kann mehrere lokale Identitäten und sicher auch mehrere nationale Identitäten haben. Die Widersprüche zwischen ihnen (soferne es welche gibt) können durch Abtrennung der Identitäten "bewältigt" werden (das Individuum "implodiert", zerfällt in Teile seiner selbst..." (J. Hasse, briefliche Mitteilung v. 6.3.1990; vergl. dazu auch E. Holling und P. Kempin 1989). Die in Abschnitt 3 angesprochene "Polizentrik" von Raumbindungen läßt sich auch aus dieser Perspektive darstellen und verstehen.

5. RAUMBEZOGENE IDENTITÄT AUF DER EBENE SOZIALER SYSTEME

> "...there is no physical environment that is not also a social environment and vice-versa..."
> (H.M. Proshansky, A.K. Fabian und R. Kaminoff 1983, S. 64)

> "...both the subject and the object of identification may also be collective."
> (C.F. Graumann 1983, S. 314)

Auch auf der Ebene sozialer Systeme läßt sich der Sinn raumbezogener Identität als funktionale Leistung darstellen, die der Systemerhaltung und dem Ablauf systemstabilisierender Prozesse dient. Zwischen personaler und sozialer Ebene bestehen dabei vielfältige Beziehungen und Abhängigkeiten. Aspekte der sozialen Wirkungen bzw. der Systemebene werden etwa - wie das sehr häufig bei gesellschaftlichen Bindungen der Fall ist - auf dem Weg über die subjektive Internalisierung sozial vorgegebener Wertestrukturen instrumentalisiert. Derartige Zusammenhänge gleichen jenen Beziehungen, die zwischen psychischen Systemen und den sozialen Struktureinheiten "Rolle" oder "Stelle" bestehen. Die Verbindung zwischen den beiden Ebenen des personalen und des sozialen Systems wird durch die Prozesse der Kommunikation und Interaktion sowie durch die *Erwartungshaltungen*, *Programme* (N. Luhmann 1985, S. 432-434), *Projekte* und *Karrieren* hergestellt, die mit sozialen Rollen bzw. Stellen verknüpft sind und die jeweils von verschiedenen Personen qua psychischen Systemen eingenommen oder verfolgt werden können. In diesem Sinne lassen sich einige der Wirkungsbereiche raumbezogener Identität auf der Ebene sozialer Systeme als Rollen, Rollenaspekte bzw. Rollensegmente sowie damit verknüpften Erwartungshaltungen und Wertestrukturen interpretieren. Derartige Zusammenhänge wurden bei der Besprechung der drei Teilprozesse von Identifikation bereits angedeutet. Der systemfunktionale Nutzen raumbezogener Identität entspricht damit jener Integrations- und Stabilisierungsfunktion, welche die soziologische Theorie den sozialen Rollen zuschreibt.

Eine weitere sehr triviale, in den Konsequenzen aber überaus bedeutsame Grundfunktion raumbezogener Identität auf der Ebene sozialer Systeme ist in ihrem Beitrag zu sehen, den sie zur Konstituierung einer intersubjektiv vergleichbaren allgemeinen Bezugs- und Orientierungsbasis für das "Erfassen von Welt" (P.L. Berger und T. Luckmann 1971) leistet. "Die Wirklichkeit der

Alltagswelt stellt sich mir...als eine intersubjektive Welt dar, die ich mit anderen teile" (ebda., S. 25). Die im Verlauf der Prozesse von Identifikation I und II erworbenen Versatzstücke der sozialen und physisch-räumlichen Wirklichkeit sind Bestandteile dieses "Jedermannswissens", welches das Einzelindividuum in der "...normalen, selbstverständlich gewissen Routine des Alltags..." mit anderen gemein hat (ebda., S. 26). Die Designate und Bezugsobjekte raumbezogener Identität zählen damit zu den Rahmenbedingungen und Inhalten sozialer Kommunikation. Sie repräsentieren die Bühne sozialer Interaktionen, über deren Eigenschaften und Strukturen sich die Interaktionspartner weitgehend einig sind. Sie sind selbstverständlicher Bestandteil jener Alltagswelt, welche eine der Voraussetzungen für das Funktionieren sozialer Systeme darstellt. Die verschiedenen Aspekte der raumbezogenen Identität sind also Teilelemente der intersubjektiv bzw. kollektiv verfügbaren und handhabbaren Wirklichkeit, vor deren Hintergrund soziale Prozesse ablaufen.

5.1 Kontextualisierung von Kommunikation und Interaktion

Die eben angesprochene Leistung raumbezogener Identität auf der Ebene sozialer Systeme läßt sich als *Kontextualisierung*[24] sozialer Prozesse verstehen: Alltägliche Kommunikation bezieht sich - neben unzähligen anderen Inhalten - *auch* auf Gegenstände der physisch-räumlichen Umwelt, die unter anderem einen selbstverständlichen und in der Regel nicht weiter reflektierten Verweis- und Orientierungshintergrund von Gesprächs- und Handlungssituationen darstellen. Soziale Interaktionen, vor allem der "Prototyp aller gesellschaftlichen Interaktion", die "Vis-à-vis-Situation" (P.L. Berger und T. Luckmann 1971, S. 31), finden auch im Zeitalter der Telekommunikation in der Regel auf der Basis einer raum-zeitlichen *Kopräsenz* der Interaktionspartner statt (B. Werlen 1989). Ähnlich wie eine gemeinsame kulturelle, weltanschauliche oder biographische Bezugsbasis der Interaktionspartner bildet auch eine Übereinstimmung hinsichtlich der verschiedenen Aspekte räumlicher Identität einen Kontext, in dessen Rahmen Verhaltenssicherheit und die Realisierung wechselseitiger Erwartungshaltungen mit höherer

---

[24] A. Giddens, für dessen Strukturationstheorie der Begriff eine wichtige Schlüsselrolle einnimmt, versteht unter "Kontextualität" die "...Situiertheit von Interaktion in Raum und Zeit, wie sie den Bezugsrahmen der Interaktion, kopräsente Akteure und Kommunikation zwischen diesen einschließt" (1988, S. 430; vergl. zu diesem Begriff auch T. Heymann 1989). Die im folgenden intendierte Bedeutung von "Kontextualisierung" ist nicht völlig deckungsgleich mit der zitierten Definition und bezieht sich gleichsam auf das psychisch-mentale Korrelat von Kontextualität im Verständnis von A. Giddens.

Wahrscheinlichkeit gewährleistet sein können als beim Fehlen einer solchen gemeinsamen Bezugsbasis.

In der Perspektive handlungstheoretischer Modelle läßt sich der angesprochene Sachverhalt als Element der "Situationsdefinition" im Rahmen von Handlungssequenzen darstellen (vergl. B. Werlen 1987, S. 12-15), im Rahmen der Rollentheorie wird er mit dem Konzept der "situativen Komponente" des Rollenmodells (H. Griese, B. Nikles und C. Rülcker, Hrsg. 1977, S. 48ff) erfaßt.

Raumbezogene Identität erfüllt auf der Ebene sozialer Systeme also letztlich ähnliche funktionale Leistungen wie auf der personalen Ebene: Durch die Kontextualisierung, den Beitrag zur Vermittlung einer gemeinsamen Bezugsbasis, ergibt sich für die Teilnehmer sozialer Kommunikation und Interaktion eine Reduktion von Streß und Komplexität, wird eine *Verläßlichkeit und Vertrautheit der Rahmenbedingungen von sozialen Prozessen* geschaffen, wird Sicherheit vermittelt. Durch ihren unmittelbaren Bezug auf soziale Prozesse muß dieser Aspekt der *Interaktions*sicherheit aus analytischen Gründen klar von der *Erfahrungs*sicherheit auf der personalen Ebene unterschieden werden.

Eine weitere systembezogene Teilleistung raumbezogener Identität, die durch den Prozeß der Kontextualisierung ermöglicht wird, kann als *soziale Stimulation* bezeichnet werden. Ähnlich wie auf der personalen Ebene die identifizierten Umweltausschnitte zu Aktivitäten anregen, individuelle Stimulation bewirken, "Ort des subjektiv leichten Handelns" sein können, bieten die verschiedenen Teilaspekte raumbezogener Identität auch einen Kontext und eine Bezugsbasis für Stimulation, die sich im Rahmen *sozialer Interaktionen* verwirklicht und damit eine der Voraussetzungen der Ausbildung sozialer Kohäsion darstellt.

Es sind sehr einfache Mechanismen und Zusammenhänge, welche die Kontextualisierung verursachen. An erster Stelle ist hier die intersubjektiv kommunizierbare und für verschiedene Teileinheiten sozialer Systeme charakteristische Übereinstimmung zu nennen, die hinsichtlich der Designata von Prozessen der Identifikation I besteht. Darauf wurde bei der Diskussion dieses Prozesses bereits hingewiesen. Die Teilnehmer sozialer Interaktionen können darauf vertrauen, daß der bloße Verweis auf Orts- und Regionalnamen beim jeweiligen Partner ganz bestimmte Assoziationen weckt, ganz bestimmte denotative und konnotative Bedeutungszuschreibungen hervorruft. Dieser weitgehende soziale Konsens über die Gegebenheiten bestimmter Raumausschnitte, die als kognitiv-emotionale Konstrukte jedem verfügbar sind, der in das betreffende sozialräumliche System integriert ist, ermöglicht eine funktional bedeutsame Erleichterung und Vereinfachung sogar von solchen Interaktionen, die keinen direkten Bezug zu physisch-räumlichen Gegebenheiten aufweisen. Durch die Sozialisation bzw. den kommunikativen Gebrauch internalisiert, stehen diese Konstrukte den Interaktionspartnern gleichermaßen zur Verfügung. In alltäglichen sozialen Handlungsabläufen sind sie ein in der Regel nicht weiter zu reflektierender und selbstverständlicher gemeinsamer Wissensvorrat.

Als kollektiv geteilte Vorstellungen über bestimmte Merkmale von Raumausschnitten (M. Fischer und U. Fischer 1981, S. 143), als gemeinsamer Schatz ortsspezifischer Informationen (M. Schwonke und U. Herlyn 1967, S. 11, F. Lenz-Romeiß 1970, S. 71), als jedermann verfügbares Wissen um das "typische Leben hier" (J. Aring et al. 1989, S. 515) stellen diese Aspekte raumbezogener Identität einen generellen Orientierungsrahmen und unreflektierten gemeinsamen Kontext für verschiedenste Prozesse und Gegebenheiten des sozialen Systems dar. Ähnlich wie der gemeinsame Kontext der Zugehörigkeit zu einer bestimmten Berufs-, Alters-, Bildungs- oder Sozialgruppe einen kommunikations- und interaktionsfördernden Erfahrungshintergrund für die Teilnahme am sozialen Leben bedeutet, wird auch die Einbindung in einen ganz bestimmten räumlichen Lebenszusammenhang und das geteilte Wissen über dessen alltagspraktische Gegebenheiten eine kaum je bewußt artikulierte und eher unter der Oberfläche wirksame Bezugsbasis sozialer Prozesse bedeuten. In der Terminologie A. Giddens' (1984, Kapitel 2) kann man sagen, daß der Aspekt der Kontextualisierung demnach vor allem auf der Ebene des "praktischen Bewußtseins" bzw. als implizites Wissen ("tacit knowledge", "knowledge by experience", "knowledge by familiarity") wirksam wird (vergl. D. Steiner 1990, M. Polanyi 1962 und 1985 oder I. Josefson in Druck 1991).

Entsprechend der unterschiedlichen Lebens- und Erfahrungspraxis verschiedener sozialer Gruppierungen muß generell mit *gruppenspezifischen Auffassungsdifferenzen* bei der inhaltlichen Ausprägung der Teilaspekte raumbezogener Identität gerechnet werden (L.G. Rivlin 1987, S. 2). Besonders wahrscheinlich sind solche Differenzen für Gruppierungen, die sich aus Interaktions- und Kooperationsformen im Rahmen bestimmter Lebensphasen ergeben (vergl. z.B. A. Göschel 1984, S. 16 und 143). Von Interesse sind hier also jene Zusammenhänge auf der Systemebene, die in der neueren Soziologie unter den Stichworten "soziale Lage", "soziales Milieu" und "Lebensstile" diskutiert werden (vergl. S. Hradil 1987; als Beispiel siehe P. Weichhart und N. Weixlbaumer 1990).

Die im Prozeß der Identifikation I subjektiv erworbenen und durch Sozialisation und kommunikativen Gebrauch sozial abgesicherten Aspekte raumbezogener Identität entsprechen dem klassischen Image-Konzept der Sozialforschung. Gruppenimages oder kollektive Images können als kleinster gemeinsamer Nenner individueller Einzelimages verstanden werden, deren Inhalte bei allen Mitgliedern einer sozialen Gruppe in gleicher Weise vorhanden sind (G. Kleining 1961, S. 146-148). Die Kontextualisierung sozialer Interaktionen ergibt sich auch daraus, daß die im Image zum Ausdruck kommenden designativen und konnotativen Zuschreibungen durch Symbole repräsentiert sind (K. Ganser 1970, S. 107). Diese erhebliche Verdichtung inhaltlicher Bedeutungen durch symbolische Abstraktionen bewirkt, daß durch das bloße Andeuten symbolischer Bezüge im Kommunikationsprozeß sehr komplexe Bedeutungszusammenhänge evoziert und transportiert werden können.

5.2 Kommunikation personaler und sozialer Identität

Der passiven Komponente des "Identifiziert-Werdens" durch die soziale Umwelt steht das aktive Bemühen von Individuen und Gruppen gegenüber, die jeweils eigene Identität anderen kundzutun, sich selbst darzustellen. Dafür werden in der Regel verschiedenste Medien der nonverbalen Kommunikation herangezogen und Ausdrucksformen verwendet, mit deren Hilfe derartige Botschaften symbolisch verschlüsselt mitgeteilt werden können. Die Bandbreite der für diese Zwecke verwendeten und geeigneten Ausdrucksmittel ist sehr groß. Sprachliche Artikulation (Verwendung von Hochsprache oder Dialektformen, lexikalische oder syntaktische Besonderheiten der Ausdrucksweise etc.), Kleidung, Frisur, spezifische Verhaltensstereotype, Besonderheiten des Interaktionsstils (distanzierter versus amikaler Umgangston) und vor allem physische Dinge[25] sind Träger von Botschaften, die dem jeweiligen sozialen Vis-à-vis auf indirekte Weise vermitteln, um welche Art von Person es sich beim Interaktionspartner handelt, welcher sozialen Gruppe oder Schicht er angehört. Wer sich im Kontext einer bestimmten sozialen Interaktion um eine betont hochsprachliche Ausdrucksweise bemüht oder bestimmte "In-" und Modebegriffe verwendet, will - unabhängig von den vordergründig artikulierten Inhalten der Kommunikation - auch zum Ausdruck bringen, daß er "ingroup-Mitglied" ist, daß er "dazugehört". Mit ähnlichen Mitteln kann aber auch eine Abgrenzung und Distanzierung signalisiert werden, kann dem Interaktionspartner bedeutet werden, daß man eine höhere Statusposition innehat, einer anderen Gruppe angehört. Die Offenlegung von Identität in der Kommunikation dient systemfunktional gesehen also einerseits der gleichsam rituellen Bestärkung der gruppeninternen Ko-

---

25) "A person will arrange the architecture and artifacts of his office or home to create an impression - to communicate to others an answer to the others' unvoiced "who are you" question" (T.R. Sarbin 1983, S. 339; vergl. auch M. Csikszentmihalyi und E. Rochberg-Halton 1981 sowie E.K. Sadalla, B. Vershure und J. Burroughs 1987).

häsion, andererseits der Sichtbarmachung von Gruppengrenzen (vergl. A. Rapoport 1981, S. 15).

Derartige Zeichen sind aber auch für den Empfänger von erheblicher Bedeutung, da sie ihm helfen, das jeweilige Gegenüber einzuordnen, seine soziale Position zu identifizieren. Damit leisten sie einen Beitrag zur Verringerung der Unbestimmtheit und Unsicherheit, die vor allem bei der Interaktion mit Fremden gegeben ist. Die Funktion solcher Signale für das soziale System liegt also nicht nur im rein informationellen Aspekt, also der Vermittlung der Nachricht, daß es sich um einen Angehörigen dieser oder jener Gruppe oder um einen spezifischen Typus von Persönlichkeit handelt, sondern auch in der Schaffung von Interaktionssicherheit.

Zu den Medien und Ausdrucksformen solcher Informationen zählen zweifellos auch die aus den Prozessen der Identifikation II und III resultierenden Verknüpfungen zwischen Menschen und jenen Raumausschnitten, die sie bewohnen und in denen sie beheimatet sind. Der jeweilige Wohnstandort als räumlicher Schwerpunkt der Lebensinteressen eines Menschen wird in aktiver wie passiver Form als eines der Symbole für seine personale und soziale Identität eingesetzt, dient als "...contextual marker for establishing one's social identity" (T.R. Sarbin 1983, S. 339). "By living in this or that local community, one does not merely acquire the benefits or bear the costs of collective goals and services; one also makes a statement to the larger world of the kind of person one is" (A. Hunter 1987, S. 217). Das kann natürlich auch bedeuten, daß eine Person ihrer sozialen Umwelt zu verstehen geben muß, daß sie als Bewohner eines stigmatisierten Unterschichtwohnquartiers nicht imstande ist, ihre Statusposition zu verbessern.

Das letzte Beispiel verweist allerdings eher auf die im Prozeß der Identifikation II vorgenommene Außenzuschreibung oder Fremdattribuierung von Gruppenzugehörigkeit und personaler Identität. Einem Tiroler, Ostfriesen, Wiener, Kreuzberger, Lehener etc. werden von außen bestimmte Eigenschaften und Identitätsmerkmale zugeschrieben. Durch diese soziale Attribuierung findet ein Transfer zwischen der Identität des Ortes und der Identität der Person statt; das Image des Ortes "färbt" gleichsam "ab" (M. Lalli 1989, S. 20-22).

Zu wissen, wo eine Person beheimatet ist, ermöglicht den Interaktionspartnern, sie in einen spezifischen sozialräumlichen Kontext einzuordnen, zu klassifizieren. Diese Information bedeutet, eines der wichtigen Bestimmungskriterien für die Erfassung ihrer sozialen und personalen Identität zur Verfügung zu haben. Besonders aussagekräftig ist die Information dann, wenn es sich um subnationale und subregionale räumliche Bezugseinheiten bzw. um Interaktionspartner gleicher oder eng benachbarter sozialräumlicher Systeme handelt. Denn die Inhalte derartiger symbolischer Interaktionen sind in ihrer Bedeutungsvielfalt nur ingroup-Mitgliedern oder interagierenden Gruppen vollständig zugänglich. "...the communication of identity occurs "secretly" or sub rosa...the code must be learnt" (A. Rapoport 1981, S. 8).

Die *Kommunikation* von Identität ist ein Phänomen, das seinen Sinn erst vor dem Hintergrund der betreffenden sozialen Systeme erhält, dem ein Individuum angehört; es kann auf keinen Fall ausschließlich im Kontext personaler Systeme dargestellt oder plausibel gemacht werden. Es verwundert daher nicht, daß dieser Aspekt raumbezogener Identität (wie M. Lalli 1989, S. 20, zurecht moniert) von jenen Forschungsansätzen weitgehend ignoriert wurde, die sich auf die Ebene der personalen Systeme konzentrieren (vergl. dazu auch A. Hunter 1987, S. 197).

5.3 Soziale Kohäsion und Gemeinschaftsbindung

Die wichtigste und unmittelbarste Funktion raumbezogener Identität für soziale Systeme ist der Beitrag, den sie zur Kohäsion und Integration sozialer Gruppierungen leistet. Einige Autoren vermuten, daß schon durch den Funktionsbereich der Kontextualisierung eine raumbezogene Gruppenbindung entstehen könne. Der gemeinsame Schatz ortsspezifischer Informationen rufe bereits eine Art unbewußter Solidarität hervor, allein das "...Bescheidwissen in einer Stadt (muß) zu einer Art lokalen Integration führen" (F. Lenz-Romeiß 1970, S. 71), Informiertsein sei bereits ein Merkmal gemeindlicher Integration (M. Schwonke und U. Herlyn 1967, S. 11). Auch die aus der subjektiven Vertrautheit des Individuums mit seiner Heimatumgebung resultierende Sicherheit wäre Grund genug, ein Gefühl der Zugehörigkeit und Solidarität zu schaffen (U. Mai 1989, S. 13).

Im Rahmen einer Diskussion der ersten Ergebnisse eines empirischen Forschungsprojekts über Identität und Identifikation in städtischen Lebensräumen[26] stellt G. Schneider (1986, S. 214/15) überzeugende und eindeutige Belege dafür vor, daß Stadtviertel von ihren Bewohnern als *Bezugseinheiten für die Abgrenzung von Gruppenstrukturen* wahrgenommen und interpretiert werden. Soziale Phänomene äußern sich für die Mitglieder sozialer Einheiten auf dem Weg über physisch-räumliche Projektionen, sie können sich im Kontext der Lebenswelt als sozial-*räumliche* Gegebenheiten darstellen. Die Bewohner von Stadtvierteln betrachten sich selbst als Gruppenmitglieder ei-

---

26) Am Beispiel von Wohnquartieren in Heidelberg und Mannheim.

nes sozialen Subsystems, das durch das Faktum der Beheimatung in diesem Raumausschnitt und der Identifikation mit ihm konstituiert wird. Besonders hoch ist der Anteil der Probanden, die eine entsprechende Frage zustimmend beantworten, in solchen Wohnquartieren, die aufgrund ihrer baulichen Struktur und sozialgeschichtlichen Entwicklung als gestalthafte Einheit wahrnehmbar sind (Stadtteile, die sich aus dörflichen Kernen entwickelt haben sowie der Innenstadtbezirk von Heidelberg). Der Anteil der Zustimmung liegt hier immerhin zwischen 75% und 90%. Etwa zwei Drittel dieser Probanden halten sich selbst für Mitglieder der betreffenden räumlich-sozialen Gruppe. Es erübrigt sich, ausdrücklich zu betonen, daß für den einzelnen Viertelsbewohner damit *nur eine* der in der Regel vielfältigen Gruppenbindungen zum Ausdruck kommt.

Aus den von G. Schneider diskutierten Befunden kann abgeleitet werden, daß zu den Bestimmungsfaktoren für die Ausbildung einer derartigen Auffassung neben der Gebürtigkeit, der Wohndauer und den viertelsbezogenen Sozialkontakten auch die physisch-räumliche Struktur des Viertels und die historische Tiefe seiner baulich-sozialen Entwicklung bedeutsam sind. Die aus der territorialen Bindung resultierende Loyalität und Solidarität bezieht sich nicht ausschließlich auf die menschlichen Interaktionspartner, also auf das eigentliche soziale Bezugssystem, sondern auch auf die physisch-räumliche Struktur des Viertels und seine Gestaltqualitäten (ebda., S. 213/14). Man fühlt sich verantwortlich für historische Gebäude, will die baulichen Ensembles bewahren, zeigt Interesse an baulichen Wahrzeichen und symbolträchtigen Strukturen, die offensichtlich ein hohes Identifikationspotential besitzen. Wir haben es hier also mit einem Phänomen zu tun, bei dem die "...Verknüpfung von Gefühlsqualitäten mit historisch strukturiertem Raum für die Kontinuität und Identität sozialer Gruppen..." (H. Becker, J. Eigenbrodt und M. May 1983, S. 451-452) erkennbar wird.

Wie im letzten Abschnitt bereits angedeutet wurde, hat die *sprachliche Form* direkter sozialer Kommunikationsprozesse eine wichtige Funktion für die unterschwellige Demonstration von Gruppenzugehörigkeit. In der Dialektforschung und der Sprachsoziologie wird nachdrücklich darauf hingewiesen, daß lokale und regionale Dialektvarietäten daneben noch die bedeutsame Funktion besitzen, Gruppen*loyalität* und Gruppenkohäsion zum Ausdruck zu bringen bzw. zu schaffen. Nach der Auffassung dieser sprachwissenschaftlichen Forschungsrichtungen ist Dialekt eine Sprachform, "...die für die Einwohner eines Ortes ihre Identität als Mitglieder der Ortsgemeinschaft symbolisiert". Dabei ist seine "...Funktion für die symbolische Ortszugehörigkeit...nicht sekundär, abgeleitet von der regionalen Diversifizierung der Sprache. Sie ist primär, und beruht auf dem...Grundsatz, daß Sprache Gemeinschaften charakterisiert" (A. Rowley 1985, S. 18). Der Dialekt trägt dazu bei, "...ein Gruppenidentitätsbewußtsein zu schaffen, das sich als symbolisch vermittelte Kohäsion der In-group auswirkt und zugleich der Abgrenzung nach außen, gegen andere Sprechergruppen etwa, dient" (P. Eßer 1983, S.126). Dies gilt nicht nur für die sprachliche Substandardform des Dialekts. Auch für regionalspezifische Varietäten der gehobenen Umgangssprache, die situativ oder sozial markierte Elemente beinhalten, müssen derartige Bindungswirkungen angenommen werden (vergl. dazu G. Bellmann 1985).

Die in Sprechakten symbolisch zum Ausdruck kommende Kohäsion bezieht sich nun auf Systemeinheiten, die ganz offensichtlich als *räumlich definierte Sozialzusammenhänge* aufzufassen sind.[27] In der sprachsoziologischen und vor allem der dialektologischen Forschung wird dabei ausdrücklich herausgestellt, daß die jeweiligen sozialen Bezugssysteme auf unterschiedlichen räumlichen Maßstabsebenen konstituiert werden. Die Bandbreite reicht dabei von lokalen, auf Einzelorte oder Stadtteile bezogenen Systemeinheiten bis zu regionalen und überregionalen räumlich-sozialen Gebilden (vergl. z.B. A. Rowley 1985). Der vielzitierte Sprachspott als Beispiel für die zumindest in bestimmten Regionen extrem kleinräumige Ausprägung von Dialektvarietäten ist ein gewiß überzeugender Beleg für die Schaffung von sprachlich symbolisierten Demarkationslinien zwischen dem "Wir" und "den anderen", die auf *räumlich faßbare* Sozialgefüge bezogen sind (vergl. ebda., S. 23-26). So wie der einzelne Sprecher in unterschiedlichen Handlungs- und Kommunikationskontexten bzw. beim Agieren in seinen verschiedenen Rollen auf die jeweils adäquate Sprechebene gleichsam "umschalten" kann, lassen sich derartige sprachliche "Kippvorgänge" ("conversational code-switching"; vergl. z.B. N. Dittmar und P. Schlobinski 1985, S. 184) auch dort beobachten, wo der Sprecher zur Signalisierung seiner Loyalität und Zugehörigkeit von der Hochsprache zu einer regional gefärbten Variante der Umgangssprache oder zu einem lokalen Dialekt übergeht.

In der Sprachsoziologie werden derartige über Sprechakte symbolisierte Bindungen an sozialräumliche Systemeinheiten mit dem Konzept der "Ortsloyalität" oder "Ortsorientiertheit" zu fassen gesucht (vergl. K.J. Mattheier 1980, S. 69-76 und 1985 sowie E. Hofmann 1963, H. Wolfensberger 1967 und D. Stellmacher 1977)[28]. Umgekehrt wird angenommen, daß

---

[27] Allerdings ist diese Bindungsfunktion auch für andere soziale Systemeinheiten (wie beruflich oder institutionell konstituierte Gruppierungen, Interessengruppen, schichtspezifische Gruppierungen etc.) sowie für spezifische Handlungsfelder anzunehmen, die sich nicht auf der Basis sozial*räumlicher* Beziehungen darstellen lassen. Dementsprechend unterscheidet man in der Sprachsoziologie neben dem *Raum* zwei weitere wesentliche Bedingungsfelder oder Wirkungsbereiche, die für die Ausprägungsformen und Funktionen von Dialekten, aber auch von Sondersprachen (wie Soziolekten und Situalekten) bedeutsam sind, nämlich *gesellschaftliche Gruppierungen und gesellschaftliche Situationen* (vergl. K.J. Mattheier 1980, S. 14-16).

[28] Zu diesem Thema hat sich übrigens auch G. Hard (1966) geäußert - allerdings in seiner Rolle als Sprachwissenschaftler. Unter der Kapitelüberschrift "Sozialpsychologische Raumeinheiten" (sic!) geht er auf dialektologisch faßbare räumlich-soziale Gebilde ein, die

"Ortsloyalität" eine wesentliche Ursache für die Aufrechterhaltung des Dialekts und seine Funktion als relativ stabiles "Sprachverwendungssystem" ist. I. Reiffenstein (1985, S. 121) begründet dies damit, daß Probanden mit "...mangelnder oder gebrochener Ortsloyalität sich auch mehr oder weniger deutlich vom Dialektgebrauch distanzieren - Ausdruck einer negativen Bewertung des Dialekts, die sonst überwiegend nicht geteilt wird".

" "Ortsloyalität" meint ein die Einstellung, die sozialen Bewertungsstrukturen und das Sozial- bzw. auch das Sprachhandeln prägendes und steuerndes Festhalten an den in einem Ort verbreiteten Verhaltensweisen. Dabei handelt es sich nicht nur um das Sprachverhalten...Ortsloyalität bezieht sich auf alle für einen Ort oder eine enge, relativ homogene Region typischen Sozialverhaltensweisen und Meinungs- bzw. Bewertungsstrukturen, also auch Ortsbrauchtum, ortsübliche Kleidung und anderes mehr" (K.J. Mattheier 1985, S. 140). "Ortsloyalität" wird von Mattheier als jener Aspekt einer übergeordneten "regionalen Identität" aufgefaßt, die sich auf die Bindung der Person an ihren engsten Lebensraum, ihren Wohnort, bezieht. Durchaus im Sinne der sozialpsychologischen Identitätsforschung sieht er die regionale Identität, "...durch die der Mensch in einen bestimmten regio-historischen Erfahrungs- und Erlebnisraum eingebunden wird..." (1985, S. 144) als Teil der Gesamtidentität der Person an (ebda.).

Beim Versuch, den "Ort" als Bezugsobjekt dieser Loyalität genauer zu fassen, betont Mattheier die Schlüsselrolle sozialer Interaktionen und sozialer Netzwerke, er stellt aber auch klar heraus, daß daneben noch andere Faktoren bedeutsam sind. Besonders nachdrücklich verweist er auf die historische Perspektive: "Es ist die Frage, ob man den Ort soziologisch angemessen definieren kann, wenn man die Tatsache des langen Zusammenlebens von Menschen an einem Ort nicht angemessen berücksichtigt. Ohne die gemeinsame, historisch über lange Zeiten hinweg gewordene Lebenswelt und den gemeinsamen Sozialerfahrungs- und Sozialhandlungsrahmen, den sie impliziert, sind "Gemeinden" bzw. "Orte" wohl nicht angemessen zu erfassen" (1985, S. 140/1). Auch die physische Umgebung, die als "Umgebungsfaktor" von sozialen Netzwerken aufgefaßt wird, spiele als Rahmenbedingung sozialer Interaktion eine nicht zu vernachlässigende Rolle (S. 143).

"Gemeinschaftsgefühl anzeigen", eine Bedeutung für "Gruppenzusammenhalt" und "Gruppenstabilität" haben (S. 43 und Fußnote 29a). Dabei verweist er (Fußnote 29a) in knapper Form auf die Entstehung derartiger "emotional besetzter Raumbezüge" und deren "Bedeutung für die soziale Orientierung und das psychische Gleichgewicht" von Individuen. In Anlehnung an H. Treinen betont er den Aspekt der personalen und sozialen Identifizierung und die "räumliche Symbolisierung sozialer Bindungen". Er bringt damit implizit zum Ausdruck, daß es sich dabei um eine systemimmanente räumliche Kodierung sozialer Sachverhalte handelt, die unabhängig vom (naiv-geographischen) Beobachter existiert. Übrigens scheint G. Hard damals die Möglichkeiten einer "geographischen Raumbewußtseinsforschung" noch etwas positiver eingeschätzt zu haben als heute (vergl. ebda., S. 46/7).

Trotz dieser Einschränkungen und Differenzierungen wird aus der Argumentation Mattheiers deutlich, daß nach seiner Anschauung die soziale Interaktion und der gesellschaftliche sprachlich-kommunikative Kontakt doch als die eigentlich zentralen Größen bei der Entstehung von Ortsloyalität anzusehen sind (S. 141). Fehlt dieser enge und überwiegend auf den betreffenden Raumausschnitt zentrierte kommunikative Zusammenhang, dann könne sich Ortsloyalität nicht ausbilden. Besonders negativ müsse sich der Prozeß der Urbanisierung auswirken: "Verstädterung, Industrialisierung und Zentralisierung der Administration führen in modernen Gesellschaften zu einer Ausweitung der sozialen Erfahrungsräume, zu einer Differenzierung, einer Instrumentalisierung und Funktionalisierung der gesellschaftlichen Beziehungen und dadurch auch zu einem Verlust von regionaler Identität..." (S. 146). Dementsprechend könne es dort, wo derartige Modernisierungsprozesse stattfinden, keine Ortsidentität geben. Dies wird für solche Orte angenommen, "...in denen der soziale Handlungsrahmen durch die Verhaltensnormen der urbanen Kultur bestimmt ist" (S. 147). Ortsloyalität sei damit sogar ein "ideales Meßinstrument" zur Bestimmung des Grades der Modernisierung einer Ortsgemeinschaft (S. 148).

Noch deutlicher und mit dem Anspruch auf Ausschließlichkeit wird der Aspekt der sozialen Interaktion als einzig entscheidende Einflußgröße für die Entstehung von raumbezogener Identität bei H. Treinen (1965) herausgearbeitet. Mit dem Konzept der emotionalen Ortsbezogenheit spricht dieser Autor ein Phänomen der sozialen Kohäsion und internen Gruppenbindung an, das ausschließlich auf die soziale Systemebene bezogen sei und aus den lokalen Interaktionszusammenhängen resultiere. Der Ort als physischer Raum und dessen Name sei nur Symbol für soziale Bindungen.

Mit diesen Verweisen auf die Bedeutung der Netzwerke sozialer Interaktion haben wir einen sehr kritischen Punkt in unseren Überlegungen zur Funktion raumbezogener Identität für die Kohäsion und den internen Zusammenhalt sozialräumlicher Gruppen erreicht. Denn ein räumlich eingrenzbares, überwiegend durch Innenbeziehungen charakterisiertes Netzwerk sozialer Interaktionen, das die Mehrheit der im betreffenden Raumausschnitt lebenden Personen betrifft, ist in gegenwärtigen Gesellschaftssystemen auch außerhalb der hochurbanisierten Bereiche eher die Ausnahme als die Regel.

Natürlich finden sich selbst innerhalb von modernen Großstädten Einzelbeispiele für soziale Gruppierungen, die als mustergültig entwickelte Realisierungen der idealtypischen "Gemeinde" (vergl. R. König 1958 oder C.M. Arensberg 1974) gelten können. Tatsächlich kann in einigen wenigen Einzelfällen nachgewiesen werden, daß soziale Gebilde existieren, die eine enge

Bindung an eine eindeutig fixierbare und abgrenzbare territoriale Bezugsfläche aufweisen, die in der funktionalen Binnenstruktur durch differenzierte und institutionalisierte arbeitsteilige Verknüpfungen charakterisiert sind und bei denen vor allem eine eindeutige und überwiegende Innenorientierung der sozialen Interaktion nachzuweisen ist. Sie besitzen eine von den Mitgliedern internalisierte Wertestruktur, die als verbindliche gemeinsame Orientierungsbasis des Handelns wirksam ist, und zeichnen sich durch ein hohes Maß sozialer Kohäsion aus. Es besteht eine emotional wie funktional ausgeprägte engste Verknüpfung der sozialen Komponente des Gesamtsystems mit den physisch-räumlichen und materiellen Strukturen des Territoriums. Sozioterritoriale Gebilde dieser Art stellen insgesamt gesehen also "globale Gesellschaften auf lokaler Ebene" dar (R. König 1958, S. 41). Das Identitätsbewußtsein der Mitglieder bezieht sich unzweifelhaft auf das gesamte räumlich-soziale Interaktionssystem, die hohe soziale Bindungswirkung wird demnach mit dem Konzept der raumbezogenen Identität angemessen erfaßt werden können.

Ein besonders instruktives Beispiel einer sozialräumlichen Systemeinheit des eben angesprochenen Typus wird von L.G. Rivlin (1987) diskutiert. Es handelt sich um das New Yorker Wohnviertel Crown Heights (Brooklyn) und seine Bewohner. Ursprünglich ein Gebiet mit einer überwiegend der Mittelklasse angehörenden jüdischen Bevölkerung wurde das Viertel in den späten 50er Jahren im Verlaufe eines typischen Sukzessionsprozesses von Farbigen aus dem karibischen Raum und einer orthodoxen jüdischen Minorität, den Lubavitcher Hassidim, okkupiert. Der Lebensstil dieser Gruppe wird durch eine strenge, religiös definierte Wertordnung bestimmt, welche den gesamten alltäglichen Verhaltenskodex der Mitglieder bis in kleinste Details regelt. "The Lubavitcher lifestyle...requires a critical mass of others like themselves in order to provide the food, clothing, prayer, education, and friends that are needed. As a result, it is necessary for them to reside in close proximity to people like themselves, people who share common needs, people who would be unable to sustain these requirements in a dispersed community. The additional constraint of Sabbath worship, which prohibits the use of any means of transportation from sundown Friday to sundown Saturday, makes it essential to live within walking distance of a synagogue" (L.G. Rivlin 1987, S. 17). Die Mitglieder dieser Gruppe sind sich in sehr hohem Maße über die genaue Abgrenzung "ihres" Wohngebietes innerhalb des weiteren Stadtviertels einig (L.G. Rivlin 1982). Diese hohe Übereinstimmung über die räumliche Ausdehnung des Gruppenterritoriums ist darauf zurückzuführen, daß sie trotz zahlreicher Außenkontakte den weitaus überwiegenden Teil ihrer Zeit innerhalb von Crown Heights verbringen und dieses Gebiet das eindeutige Zentrum ihres Aktionsraumes darstellt: "When residents provide an account of their daily activities - shopping for food and clothing, socializing, recreation, children's schooling and play, local self-help groups, study groups for men and women, community volunteer work among their own members, shared festivals and holidays, celebrations of the birth of children, weddings, and most of all, prayers - almost all were centered in their own community" (L.G. Rivlin 1987, S. 17/8). Die Gemeinschaft der Lubavitcher weist dementsprechend eine besonders ausgeprägte Bindung an ihren Lebensraum auf, sie ist als Beispiel für "geographic place dependence"[29] anzusprechen. "For the Lubavitch, the neighborhood, its Jewish people, landmarks, and resources act to encourage a form of group place-identity where the setting contributes in distinctive ways to the uniqueness and cohesiveness of the group" (ebda., S. 22).

In einer Reihe klassischer Berichte über Unterschichtwohnquartiere vor allem in Großstädten des englischen Sprachraumes wurden ähnliche Befunde vorgelegt. "...belonging in or to an area has been some of the most consistent findings in working-class communities both in the United States and in England...The importance of localism...can hardly be emphasized enough. This sense of a local spatial identity includes both local social relationships and local places" (M. Fried und P. Gleicher 1961, S. 308). Auch für das von diesen Autoren untersuchte West End in Boston ergab sich, daß das Wohnquartier der wichtigste Ort sozialer Interaktionen war. "Quite consistently, we find a strong association between positive feelings about the West End and either extensive social relationships or positive feelings about other people in the West End" (S. 309). "...the frequent references to neighbors and the stress on *local* friendship lead us to suggest that the neighbor relationship was one of the most important ties in the West End...Local physical space seems to have provided a framework within which some of the most important social relationships were embedded" (S. 310).

E.J. Ryan (1963, S. 137), der sich ebenfalls auf das Bostoner West End bezieht, faßt Stadtviertel als soziokulturelle Subsysteme auf: "Such a subsystem can be identified, and its borders specified, by the higher rate of social interaction among its component individuals as compared with their relationships with outsiders, and by the sharing of a common normative system of values and beliefs which forms the "moral order" whithin which interaction takes place. Such a system, *when viewed as an abstract model*, need not be geographically localized...Geographically localized subcultural systems are also identifiable in our cities" (Hervorhebung P.W.). Das Netz der sozialen Interaktionen, die positive Gefühlsbindung gegenüber dem Gebiet und dessen Mitbewohnern führen dazu, daß sich ein sehr großer Teil der Bevölkerung als "West-Ender" fühlt und eine ausgeprägte sozial*räumlich* definierbare

---

[29] D. Stokols und S.A. Shumaker (1981, S. 481) definieren "geographical place dependence" als "...degree to which occupants perceive themselves to be strongly associated with and dependent on a particular place".

Gruppenkohäsion besteht. "Parallel to this sharp *social* line between themselves and others, these West Enders perceived a sharp boundary demarcating the West End *as an area* from other parts of the city" (S. 138).

Würden derartige sozialräumliche Bindungen, die sich in eindeutig nachweisbaren räumlich zentrierten Interaktionsmustern äußern, für alle Siedlungsstrukturen der Gegenwart oder zumindest für einen erheblichen Teil davon zutreffen, dann gäbe es gewiß keine Probleme, das Phänomen der raumbezogenen Identität in seiner Funktion für die Kohäsion sozialer Subsysteme plausibel zu machen. Viel häufiger als in der Realität finden wir derartige räumlich-soziale Gebilde aber in der sozialwissenschaftlichen und städteplanerischen Literatur, wo sie uns als utopische Entwürfe einer städtischen *Nachbarschaft* entgegentreten, die zur Errettung vor der Unwirtlichkeit der modernen Stadt konzipiert wurden.

Die Idee der Nachbarschaft, die seit der Jahrhundertwende und besonders nachdrücklich seit den 30er Jahren als programmatisches Konzept des Städtebaues und der Stadtplanung erkennbar ist und zur Überwindung der Anonymität, Funktionalität und Kälte der modernen Großstadt dienen soll, läßt sich als empirische Gegebenheit - von Beispielen der oben erwähnten Art abgesehen - aber in der Regel *nicht* nachweisen. In unzähligen Fallstudien stellte sich vielmehr heraus, daß die vom Nachbarschaftskonzept unterstellte innere Homogenität und Geschlossenheit sozialer Netzwerke innerhalb der Grenzen städtischer Quartiere *nicht* existiert (vergl. E. Pfeil 1963 oder H. Klages 1968). Die Verkehrskreise von Viertelbewohnern und das räumliche Muster ihrer sozialen Interaktionen sowie der Versorgungs-, Konsum- und Freizeitaktivitäten sind keineswegs derart ausschließlich auf die weitere Nahumgebung des Wohnstandortes konzentriert, wie das von Vertretern der Nachbarschaftsidee unterstellt wird. Das Wohnquartier ist in der Regel weder der Brennpunkt der besonders engen außerfamiliären Sozialkontakte noch das eindeutige Zentrum individueller Aktionsräume (vergl. P. Weichhart und N. Weixlbaumer 1990 und die dort angeführte Literatur sowie F.-J. Kemper 1980).

Wie lassen sich aber nun die am Beginn dieses Abschnittes referierten Befunde einer nichtsdestoweniger *doch* nachweisbaren räumlich-sozialen Bindung an das jeweilige Wohnviertel bzw. die "Ortsloyalität" qua räumlich definierte Gruppenkohäsion erklären? Die auf den ersten Blick als Ursache so plausibel erscheinende raumspezifische soziale Interaktion ergibt dafür offensichtlich keinen eindeutigen Erklärungshintergrund.

5.4 Soziale Netzwerke

Die eben angesprochene Diskrepanz zwischen einer individuell als Gruppenzugehörigkeit wahrgenommenen raumbezogenen Identität und den von der Netzwerk- und Interaktionsforschung[30] erarbeiteten Befunden läßt sich auflösen, wenn man etwas genauer zwischen qualitativ verschiedenartigen Typen der zwischenmenschlichen Sozialbeziehungen unterscheidet.

Soziale Kontakte und zwischenmenschliche Interaktionen lassen sich unter anderem nach dem Grad der emotionalen Betroffenheit, den in die Beziehung "investierten" Gefühlen oder der Tiefe der zwischen den Partnern bestehenden Bindungen differenzieren. Einer Liebesbeziehung, einer innigen Freundschaft kommt eine andere Qualität zu als oberflächlichen Bekanntschaften oder gar einem Kontakt, der sich funktional aus der Notwendigkeit des Interagierens im Rahmen von sozialen Rollen ergibt. Auch die Beziehungen zwischen Richter und Angeklagten, zwischen Käufer und Verkäufer oder zwischen Gast und Bedienung stellen ja soziale Interaktionen dar, in deren Rahmen auf der Grundlage von rollenspezifischen Erwartungshaltungen Kommunikation stattfindet und die Bedingungen von Handlungsfeldern spezifiziert werden. Allerdings können sich auch aus rein funktional begründeten und unpersönlich-distanziert beginnenden Interaktionen unter bestimmten Bedingungen Freundschaften entwickeln, institutionell definierte Beziehungsstrukturen können in unterschiedlichsten Intensitätsgraden zum Bestandteil des Gefüges persönlicher Kontakte der Beteiligten werden.

Von der Grundkonzeption her ist die Netzwerkforschung sehr stark formal orientiert und wird daher zur Analyse unterschiedlichster Interaktionsformen und Austauschbeziehungen eingesetzt. Sie läßt sich auf beliebige soziale Einheiten (Personen, Positionen, Rollen, Gruppen, Organisationen oder Ge-

---

30) Bei der Netzwerkforschung im engeren Sinne werden allerdings interaktions*räumliche* Aspekte eher selten berücksichtigt. Da auch dieser Ansatz in der systemtheoretischen Tradition der Sozialwissenschaften steht, konzentriert man sich vor allem auf die Analyse morphologischer, struktureller oder funktionaler Attribute von Netzwerken. Unter den Dimensionen oder Analysekategorien, die zur Erfassung dieses Phänomens berücksichtigt werden, kommen Aspekte des Standorts der Interaktionssubjekte oder distantielle Attribute nur selten vor. H.D. Kähler (1975, S. 286-288) führt folgende analytische Dimensionen der Netzwerkbeschreibung an: Anchorage, Reachability, Density (definiert als "Ausmaß der wechselseitigen Kontakte zwischen den zu einem Netzwerk gehörenden Elementen"), Range (Homogenität versus Heterogenität der Beziehungssubjekte), Content, Directedness (Reziprozität versus Nicht-Reziprozität der Beziehung), Durability, Intensity und Frequency. Dementsprechend werden raumbezogene Variablen bereits bei der Datenaufnahme vernachlässigt (vergl. die tabellarische Übersicht bei U. Baumann et al. 1987, S. 425/6). Nur wenige Arbeiten dieser Forschungstradition sind thematisch ausdrücklich auf Fragen des Zusammenhangs zwischen sozialen Netzwerken und distantiellen bzw. räumlichen Aspekten des betreffenden Systems ausgerichtet (vergl. C.S. Fischer et al. 1977 oder M.W.H. Weenig, T. Schmidt und C.J.H. Midden 1990).

sellschaften) sowie jede Art von Beziehung anwenden (Sympathie, Kommunikation, Rollenverpflichtungen, Mitgliedschaften, Kapitalverflechtungen, Handelsbeziehungen etc; vergl. P. Kappelhoff 1989, S. 465, J. Boissevain 1974, S. 24-48 oder M. Schenk 1984). Der Schwerpunkt der Forschung liegt aber im Bereich der Sozialkontakte im engeren Sinne, womit "persönliche Beziehungen zu Freunden, Verwandten und Bekannten außerhalb des eigenen Haushaltes" (F.-J. Kemper 1980, S. 199) gemeint sind. Dieser Auschnitt aus dem gesamten Interaktionsnetz menschlicher Individuen wird auch als "expressiver Verkehrskreis" bezeichnet (A. Schneider 1969) und bezieht sich häufig auf den Aspekt der sozialen Unterstützung oder der Hilfe in Notsituationen (vergl. z. B. U. Baumann 1987 oder L. Blöschl 1987).

Die Enge oder Innigkeit einer sozialen Beziehung ist abhängig vom Ausmaß ihrer Bindung an die *Person* der Interaktionspartner. Freundschaften sind als Beziehungen persönlicher Art anzusehen, die freiwillig eingegangen werden, sich auschließlich auf die Person des Partners beziehen (also weder an seine spezifischen anderen Teilrollen noch an bestimmte Handlungsorientierungen gebunden sind), durch die Merkmale der Intimität und Privatheit gekennzeichnet sind und ein hohes Maß an emotionaler Betroffenheit offenbaren (vergl. F.H. Tenbruck 1964 oder A. Schneider 1969, S. 26/7). J. Boissevain (1974, S. 45-48) unterscheidet nach dem Ausmaß der Ego-Orientierung und damit der Gefühlsbindung verschiedene Zonen der subjektiven Bedeutung von Sozialbeziehungen. Der Kernbereich ("personal cell") umfaßt die nächsten Verwandten und eventuell noch einige der intimsten Freunde. Die folgenden beiden Bereiche sind durch nahe Freunde und Verwandte gekennzeichnet, die von emotionaler Bedeutung sind und zu denen die betreffende Person aktive ("intimate zone A") oder eher passive ("intimate zone B") Beziehungen unterhält. Darauf folgt ein Kreis von Personen, "...who are important to him in a more pragmatic sense for economic and political purposes and the logistics of daily life. This may be termed his (IV) *effective* zone...many in zone IV are instrumental friends rather than emotional friends" (ebda., S. 47). In noch größerer Distanz folgen schließlich Personen, die dem betreffenden Individuum zwar (z.T. auch namentlich) bekannt sind und zu denen unverbindliche Interaktionen (wie etwa Grußkontakte oder Smalltalk-Gespräche) bestehen, denen aber weder emotional noch funktional eine nennenswerte persönliche Bedeutung zukommt ("nominal zone"). Der Außenbereich ("extended zone") umfaßt Mitmenschen, die "vom Sehen" bekannt sind und über die das Subjekt irgendwelche Informationen besitzt.

Es ist nun einleuchtend und von der Sache her auch völlig plausibel, daß die Forschung zum Thema "soziale Interaktionen" sich vor allem auf die jeweiligen Kernbereiche der emotionalen und funktionalen Bedeutsamkeit von Interaktionspartnern konzentriert. Die Analysen von Sozialkontakten beziehen sich daher in der Regel auf die nächsten Verwandten und "besten Freunde" (also jenen Personenkreis, von dem man in ernsten Notlagen am ehesten wirksame - und für den Helfer "kostenintensive" - Unterstützung erwarten kann). Sie berücksichtigen demnach bestenfalls noch einzelne Interaktionspartner, die der "effektiven Zone" angehören, der Hauptbereich der effektiven und die beiden noch weiter ego-entfernten Zonen bleiben aber ausgeblendet.

Nun kann von vornherein angenommen werden, daß in einer mobilen Gesellschaft gerade intime Freunde (zu denen sich Beziehungen auf der Basis gemeinsamer Interessen und Wertvorstellungen entwickeln) und Verwandte durchaus in größerer räumlicher Distanz vom jeweiligen Interaktionssubjekt leben werden. Genau das ist ein wesentliches Ergebnis empirischer Untersuchungen zur räumlichen Struktur expressiver Verkehrskreise. Zwar lassen sich für Sozialkontakte durchaus gruppentypische Distanzabhängigkeiten nachweisen (vergl. z.B. F.-J. Kemper 1980), die vor allem bei makrostrukturellen Fragestellungen deutlich zutage treten (ebda., S. 216-219), eindeutige räumlich-soziale Verknüpfungen im Sinne von Primärgruppen sind - von den oben erwähnten Einzelfällen abgesehen - beim gegenwärtigen Stand der gesellschaftlichen Entwicklung aber nicht auszumachen. Besonders Angehörige höherrangiger sozialer Schichten mit guter Ressourcenverfügbarkeit haben in einer "community without propinquity" (M.M. Webber 1970) die Möglichkeit, enge und häufigere Sozialkontakte über größere Distanzen zu pflegen. C.S. Fischer et al. (1977, S. 172-177) begründen diesen trivialen Sachverhalt mit "kosten-" bzw. "nutzentheoretischen" Argumenten: "..people consciously nurture and maintain those social relations that are materially and psychically "profitable" to them...people develop those relations that appear rewarding and let wither those that do not seem worth the effort - given the alternatives they have and the constraints to their social activities...One of the important constraints - or, more accurately, costs - in this tacit social accounting is *distance*" (S. 173). Die mit dem Faktor der physischen Distanz verbundenen Kosten beschränken sich keineswegs auf monetäre Aufwendungen für Fahrten, Telephongespräche und Postsendungen. Damit sind vor allem auch "Kosten" in Bezug auf das verfügbare Zeitbudget, auf den psychischen Aufwand (für das Schreiben von Briefen etc.) gemeint. Zu berücksichtigen sind also alle subjektiv erfahrenen Widerstände, die es zu überwinden gilt, damit die betreffende Interaktion verwirklicht werden kann. Durch den im Zeitverlauf stattfindenden Selektionsprozeß werden demnach im weiteren Distanzbereich[31] nur solche Partner übrigbleiben, zu denen besonders enge und tiefe Beziehungen bestehen, bei denen also der vom Subjekt erfahrene "Nutzen" den notwendigen Kostenaufwand übersteigt: "Friends who live nearby may either

---

31) Diese Aussage bezieht sich nicht nur auf physisch-räumliche Entfernungen, sondern auch auf emotionale, status- oder gruppenbezogene Distanzen.

be very intimate or not; but the farther away the potential friend, the more intimate he or she must be in order to be selected and for the relation to be maintained" (S. 173; vergl. auch Abb. 9.1, S. 174).

So wie das Individuum Inhaber verschiedenster Rollen ist, wird es - in Zusammenhang mit eben dieser Rollenkonfiguration - an unterschiedlichen Netzwerken Anteil haben. J. Boissevain (1974, S. 28-32) weist darauf hin, daß Individuen in Zusammenhang mit ihren verschiedenen Rollen, Interessen und Handlungsfeldern in mehrere Einzelnetzwerke eingebunden sind, die sich zum Teil überlappen, zwischen denen zum Teil aber auch keinerlei Querverbindungen bestehen. Durch Verwandtschaft, Beruf, Religion, Freizeit, Nachbarschaft, Kindererziehung etc. werden Handlungs- und Interaktionsmuster definiert, die in der Regel auch auf unterschiedliche "Settings" bezogen sind, also an verschiedenen Orten mit jeweils passender physisch-materieller Struktur stattfinden, und für die unterschiedliche Sets von Interaktionspartnern charakteristisch sind. Überlappen sich diese Sets dergestalt, daß ein bestimmter Partner gleichzeitig mehr als einem Set angehört, spricht man von *multiplexen Interaktionen*. Es kann davon ausgegangen werden, daß in modernen Sozialsystemen bzw. mit dem Übergang von "Gemeinschaft" zu "Gesellschaft" die Multiplexität individueller Netzwerke sinkt (vergl. M. Schenk 1984, S. 68). Dementsprechend nimmt für das Individuum der Anteil der voneinander relativ isolierten Netze markant zu.

Ein besonders wichtiges Teilsystem in diesem "Fächer" (J. Boissevain 1974, Diagramm 2.2, S. 29) von Einzelnetzwerken ist die Verwandtschaft, ein anderes ergibt aus dem Interaktionsmuster beruflicher Beziehungen etc. Auch die Nachbarschaft, das Wohnviertel, die weitere Wohnumgebung eines Individuums muß ohne Zweifel als eines dieser Teilsysteme angesehen werden, dessen Stellenwert im Gesamtspektrum der Interaktionszusammenhänge nicht überschätzt, aber auch nicht vernachlässigt werden darf. Es unterscheidet sich durch eine Reihe charakteristischer Merkmale von anderen Einzelnetzwerken.

Der wesentlichste Unterschied besteht in der eindeutigen Dominanz von Interaktionspartnern, die entsprechend dem Grad der Intimität oder "Ego-Nähe" den oben beschriebenen Außenzonen IV bis VI nach J. Boissevain zuzurechnen sind. Es handelt sich im Teilnetzwerk der "Nachbarschaft" also überwiegend um Kontaktpersonen der effektiven, nominalen und erweiterten Zone, zu denen funktional definierte, emotional eher oberflächliche und unverbindliche Beziehungen bestehen, die aber durch eine hohe Häufigkeit sowie durch eine in der Regel längere zeitliche Konstanz der Interaktion gekennzeichnet sind.

Die charakteristischen sozialen Interaktionen, die auf der räumlich-sozialen Basis von Nachbarschaften ablaufen, sind gleichsam auf einer "niedrigeren" Stufe der Bedeutsamkeit angesiedelt. Es dominieren also nicht intensive, enge und emotional tiefreichende Freundschaftsbeziehungen, sondern vor allem unverbindliche und informelle Kontakte auf dem Niveau des "Smalltalk", die sich aus den Routinen des Alltagshandelns mehr oder weniger zufällig ergeben, aber eine hohe Häufigkeit und räumliche Konzentration aufweisen (P. Weichhart und N. Weixlbaumer 1990). Typische Beispiele sind die Begrüßung der nächsten Nachbarn bzw. von Passanten, mit denen man häufiger zusammentrifft, oder beiläufige Gespräche mit Personen, zu denen sich Kontakte in Zusammenhang mit materiellen oder dienstleistungsbezogenen Austauschbeziehungen oder durch gemeinsame Freizeitaktivitäten ergeben. Solche Plaudereien etwa mit der Verkäuferin, dem Friseur, dem Briefträger oder einem Bewohner des Nachbarblocks beziehen sich nicht selten auf viertelsspezifische Lokalereignisse, kommunalpolitische Sachverhalte und vor allem auf familiäre Vorkommnisse, sind also typischer "Nachbarschaftstratsch". Die Thematik der Gespräche reicht vom Wetter bis zur Weltpolitik, von Sportereignissen bis zu Urlaubserlebnissen und bezieht sich vor allem auch auf die soziale Situation im Viertel ("Herr X wurde befördert, hatte unlängst einen Verkehrsunfall, will sich ein neues Auto kaufen, Frau Y trägt seit neuesten einen Nerzmantel, hat schon wieder einen anderen Freund, der Sohn der Familie Z muß den Arbeitsplatz wechseln etc."). Die Inhalte sind dabei aber vielleicht weniger wichtig als der *Akt der Interaktion selbst*, in dem eine unverbindliche Geneigtheit, eine beiläufig-freundliche soziale Anerkennung des Gegenübers zu Ausdruck kommt oder signalisiert werden soll (vergl. dazu auch A. Lorenzer 1968, S. 83/4).

Flüchtige Kontakte und Gespräche dieser Art kommen zwanglos mit Zufallsbekanntschaften im Lokal an der nächsten Straßenecke, bei Veranstaltungen am Sportplatz des Viertels, beim Spaziergang, an der Bushaltestelle, beim Kirchgang oder am Kinderspielplatz zustande. Zu erwähnen sind auch die kleinen wechselseitigen Hilfeleistungen (wie Erledigung von Besorgungen, gelegentliches Babysitten, kurzfristiges Verborgen von Werkzeugen oder Geräten, Aushelfen mit Lebensmitteln etc.), die sich zwischen unmittelbaren Nachbarn oft auch dann ergeben, wenn sie keine formellen sozialen Beziehungen pflegen. Natürlich können sich aus solchen Kontakten auch intensivere und verbindlichere Beziehungen entwickeln. Eine wichtige Rolle spielen dabei gemeinsame Interessens- und Problemlagen, die aus lebenszyklischen Zusammenhängen resultieren (vergl. A. Göschel 1984, S. 16-19). So stiften gleichaltrige Kinder, zwischen denen Spielfreundschaften entstehen, oft auch soziale Beziehungen zwischen ihren Eltern. Der gemeinsame Besuch des Kindergartens oder der gleichen Schulklasse ihrer Kinder bedeutet für die Eltern nicht nur eine höhere Wahrscheinlichkeit des Zusammentreffens, sondern erbringt auch einen ganzen Komplex situationsbezogener und für die Beteiligten gleichermaßen bedeutsamer Gesprächsthemen. Daraus können sich Bring- und Abholgemeinschaften, regelmäßige Hilfeleistungen bei der Kinderbetreuung, der Austausch von Arbeits- oder Lernhilfen und vielleicht auch gemeinsame Freizeitaktivitäten ergeben. Es entstehen auf der Basis der räumlichen Nähe der Akteure also "neue Interaktions- und Kooperationsformen", in denen funktionale Differenzierungen und Rollendifferenzierung der modernen Gesellschaft partiell aufgehoben werden (ebda, S. 16).

Gerade aus solchen familienzyklisch fundierten Netzen rekrutieren sich oft auch die Proponenten von viertelsbezogenen Bürgerinitiativen, deren Ziele (Spielplatzausbau, Schaffung von Grünanlagen, Verkehrsberuhigung etc.) aus der gemeinsamen Sorge um die Entwicklungsmöglichkeiten und die Lebensqualität der Kinder erwachsen und aus denen unter Umständen veritable Beispiele eines quartierbezogenen politischen Engagements entstehen (vergl. R. Gutmann 1983, G. Winter und S. Church 1984 sowie E. Pankoke 1977).

Derartige Kontakte auf der Nachbarschaftsebene können als völlig eigenständige Netzwerke existieren, die mit den übrigen Interaktionssystemen von Individuen (Verwandtschaft, Beruf, engere Freundschaften etc.) keinerlei Gemeinsamkeiten besitzen. Dagegen zeichnen sich nachbarschaftliche Netzwerke nicht nur durch eine hohe zeitliche und räumliche Beziehungs*dichte*, sondern auch durch ein hohes Maß an *interner Multiplexität* aus. Ein Bewohner des Nachbarhauses kann in einer Person mehrere Rollen im Gefüge des sozialen Beziehungsnetzes einnehmen, er kann also in verschiedene nachbarschaftliche Interaktionszusammenhänge des Subjekts eingebunden sein: als gelegentlicher Partner beim Schachspiel, Kunde des gleichen Friseurs, Mitglied des Kirchenchors, Sprecher der schulischen Elternvereinigung, Gast des gleichen Lokals etc. In allen Fällen handelt es sich in bezug auf die Ego-Nähe des Subjekts um völlig belanglose "Nebenrollen", um die Charge eines bedeutungslosen Statisten. Durch die vielfältigen Querverbindungen dieser Person mit den verschiedensten Segmenten alltäglicher Lebenszusammenhänge wird sie für das Subjekt aber letztlich doch ein respektables Element der sozialen Wirklichkeit[32]. M. Schenk (1984, S. 242) betont, daß "...gerade

---

32) Die Beispiele zeigen, daß das Ausmaß der Intimität bzw. emotionalen Bedeutung zwar gewiß einen der wichtigsten Parameter zur Charakterisierung von Netzwerken darstellt. Dieser Parameter sollte aber nicht zum einzigen Selektionskriterium werden, nach dem sich die Forschung über soziale Interaktionen orientiert. Das lebensweltlich relevante Gesamtsystem sozialer Beziehungen umfaßt eben auch eine große Zahl zwischenmenschlicher Kontakte, die eine geringe emotionale Tiefe und Verbindlichkeit aufweisen. Solange als "typisches Erhebungsinstrument" zur Erfassung von Ego-zentrierten Netzwerken die Frage nach "den besten Freunden" festzustellen ist und noch dazu meist eine Beschränkung auf einige wenige Namen (meist 3-6) vorgegeben wird (M. Schenk 1984, S. 225 und Fußnote 125), kann der angesprochene "Außenbereich" der Netzwerke nicht erfaßt werden. Im übrigen darf das Kriterium der Ego-Nähe nicht bloß auf positive Aspekte reduziert werden (vergl. U.

zwischen nicht sehr intim miteinander verbundenen Personen häufig multiplexe Beziehungen (bestehen), sodaß unter einer weiter gefaßten Perspektive von einer etwas größeren "strukturellen Konnektivität" auszugehen ist".

Das räumlich-soziale System "Nachbarschaft" kann also charakterisiert werden durch eine Dominanz unverbindlich-zeremonieller Beziehungen von emotionaler Flüchtigkeit (F. Lenz-Romeiß 1970, S. 90; vergl. K. Heil 1971), in denen eine distanzierte soziale Vertrautheit zum Ausdruck kommt (M. Schwonke und U. Herlyn 1967, S. 20). Dem entspricht eine erhebliche Wahlfreiheit hinsichtlich der Teilnahme an spezifischen Interaktionsanlässen. Man kann einen Gruß "übersehen", "leider gerade keine Zeit haben", ohne daß dies bedenkenswerte soziale Sanktionen zur Folge hätte. Diese Wahl- und Verweigerungsfreiheit und die geringe Institutionalisierung bewirken, daß nachbarschaftliche Sozialbeziehungen bei weitem nicht jene *imperative Verpflichtung* implizieren, die für Primärgruppen typisch ist (ebda. S. 103). C. Commandeur und N. Nokielski (1979, S. 160) betonen die Leichtigkeit und Selbstverständlichkeit, mit der beim Alltagshandeln (etwa beim Einkauf) Kommunikation zustandekommt. "Even the casual purchase of a carton of milk or a daily newspaper, when it becomes habitual, sets in motion a series of personal contacts that connects people to a place and its occupants" (L.G. Rivlin 1987, S. 3). Auch zwischen flüchtigen Bekannten oder gar Fremden können auf der Basis einer Zugehörigkeit zum gleichen Lebensraum spontane Beziehungen aufgebaut werden, die trotz ihrer Flüchtigkeit und Unverbindlichkeit für die Betroffenen einen Wert haben.

Zusammenfassend läßt sich also festhalten, daß nachbarschaftliche Interaktionssysteme eine grundsätzlich andere Struktur besitzen als die nach dem Prinzip der Ego-Nähe selektierten expressiven Verkehrskreise. Es darf daher nicht verwundern, daß die Ergebnisse dieser Richtung der Netzwerkforschung einer wie immer konzipierten Nachbarschafts- oder Community-Idee widersprechen. Die am Ende des letzten Abschnittes - und von den Kritikern des Konzepts der raumbezogenen Identität - herausgestellte nur geringe oder vernachlässigbare Spiegelung der oben angesprochenen räumlich-sozialen Beziehungsmuster auf der Ebene sozialer Netzwerke beruht also vor allem darauf, daß mit dem Netzwerkansatz ein anderer Phänomenbereich untersucht wird, *mit dem nachbarschaftliche Bindungen einfach nicht erfaßt werden können*. Auf den grundsätzlichen Strukturunterschied zwischen nachbarschaftlichen Beziehungen und expressiven Verkehrskreisen wurde in der Literatur nachdrücklich hingewiesen (vergl. z.B. F.-J. Kemper 1980, S. 202 und die dort angeführte Literatur sowie U. Herlyn 1988, S. 117/8).

Baumann 1987, S. 307). Auch ein "Intimfeind" ist schließlich jemand, mit dem man besonders intensive und emotional tiefreichende "Sozialkontakte" pflegt.

Mit den eben diskutierten Argumenten konnte zwar ein (hoffentlich) plausibler Begründungszusammenhang dafür erarbeitet werden, daß in den räumlich-sozialen Handlungsfeldern einer Nachbarschaft oder eines Wohnquartiers durchaus spezifische soziale Interaktionsstrukturen existieren. Sie unterscheiden sich qualitativ allerdings deutlich von expressiven Verkehrskreisen und können daher mit diesem Ansatz nur ungenügend erfaßt werden. Es blieb aber unklar, wie es möglich ist, daß sich auf der Grundlage der beschriebenen Ausprägungsformen nachbarschaftlicher Interaktion so etwas wie Gruppenbindung, Wir-Gefühl, Gruppenidentität oder Gruppenkohäsion entwickeln kann. Denn die räumlich-sozialen Zusammenhänge des nachbarschaftlichen Verkehrs weisen - wie ausführlich darzustellen war - eben *keine* (primär-)gruppentypische Struktur auf (vergl. H. Klages 1968, S. 169 oder M. Schwonke und U. Herlyn 1967, S. 204), sie sind nicht ausschließlich binnenorientiert und besitzen in bezug auf den einzelnen Interaktionspartner nur geringe emotionale Tiefe.

5.5 "Symbolische Gruppen" und "symbolische Gemeinschaften" als Bezugsgrößen der sozialen Kohäsion

"Wir-Gefühl", "Zusammengehörigkeitsgefühl" und Gruppensolidarität sind Phänomene, die mit Notwendigkeit die Existenz einer gemeinsamen Bezugsgröße voraussetzen, die funktional als sozialer Brennpunkt der subjektiv erfahrenen und bejahten Zugehörigkeit wirksam wird. Wie kann sich aber nun raumbezogene Identität als *Gruppenzusammenhalt* oder Bindungskraft eines gesellschaftlichen Subsystems entwickeln, wenn eine derartige räumlich-soziale Bezugsgröße aufgrund der empirischen Befunde einfach nicht auszumachen ist? Wie kann raumbezogene Identität im Sinne von Gruppenloyalität wirksam werden, wenn "Nachbarschaft" oder "Community" als binnenzentrierte räumlich-soziale Funktionaleinheiten offensichtlich gar nicht existieren?

Auf der anderen Seite hat sich gezeigt, daß ein derartiger meist lockerer, aber durchaus effizienter Gruppenzusammenhalt auf der Basis räumlich-sozialer Bezugseinheiten wie der "kleinen Nachbarschaft", des Stadtviertels, ganzer Städte, größerer Regionen oder sogar nationaler Gebilde und Staaten im Bewußtsein der Angehörigen solcher Einheiten durchaus belegt werden kann und auch an seinen funktionalen Auswirkungen erkennbar ist (vergl. die in Abschnitt 5.3 referierten Befunde von G. Schneider 1986 sowie M. Lalli 1989). "Viertelsbewußtsein", "Ortsloyalität", "stadtbezogene Identität" oder "regionale Identität" sind Phänomene, die vor dem Hintergrund ihrer evidenten loyalitäts- und kohärenzstiftenden Wirkung den Eindruck erwekken, *als ob* sie sich auf funktional faßbare räumlich-soziale Systemeinheiten abstützen könnten, *als ob* dahinter physisch-räumlich abgrenzbare soziale Systeme stünden.

Zur Erklärung und konzeptionellen Bewältigung dieser eigenartigen und widersprüchlichen Befunde, daß nämlich das Faktum einer Gruppenbindung besteht, ohne daß gleichzeitig eine als Bezugsobjekt wirksame soziale (Primär-)Gruppe tatsächlich nachzuweisen ist, werden im folgenden die Begriffe "*symbolische Gruppe*" und "*symbolische Gemeinschaft*" bemüht, die in Anlehnung an den Terminus "symbolic ethnicity" gebildet wurden.

Am Beispiel ethnischer Identität kann gezeigt werden, daß es zwei unterschiedliche Wirkungszusammenhänge gibt, welche zu einer Einbindung des Einzelindividuums in eine bestimmte ethnische Gruppierung führen können. Der erste und wichtigste Prozeßtyp, der zur Ausbildung von Gruppenidentität und Gruppenkohäsion führt, ist die interaktive Vernetzung der Gruppenmitglieder, ihre aktive Teilnahme am Gruppenleben und ihre kommunikativ-funktionale Assimilation. Ethnische Identität entwickelt sich also "...through involvement on the primary-group level in the distinctive networks of subcultural *relationships*, in a word, the structure of the group itself, with its constituent associations, organisations, friendships, and institutions" (H. J. Abramson 1976, S. 49). Dieser Prozeßtyp der Identitätsentwicklung führt zu einer hohen Gruppenkohärenz und bedeutet für die beteiligten Individuen ein beträchtliches Ausmaß der Einvernahme durch das soziale System. Der "Nutzen" (hohe Identitätssicherheit, hohe interne Bindungskraft und hohe Solidaritätswirkung), aber auch die "Kosten" (hohe Verbindlichkeit der Gruppennorm, wirksame Sanktionsmöglichkeiten zur "Disziplinierung" des einzelnen Gruppenmitglieds) für das Individuum sind erheblich.

Die Einbindung in eine bestimmte ethnische Gruppierung ist aber grundsätzlich auch auf eine andere Weise möglich. Ethnische Identität kann dadurch entstehen, daß sich das Individuum die spezifischen Wertvorstellungen und Symbole des betreffenden Sozialsystems zu eigen macht, ohne daß gleichzeitig ein spezifischer und weitreichender Interaktionszusammenhang mit anderen Gruppenmitgliedern besteht. Gruppenidentität und Zugehörigkeitsgefühl ergeben sich in diesem Fall also durch "...adherence to and internalisation of the distinctive set of cultural *symbols*, i.e., the culture of the group itself, with its corresponding values, myths, ethos, language, religion, and history..." (ebda., S. 49). Selbst wenn nur ein kleinerer Teilausschnitt der ethnischen Symbolik und Wertkonfiguration internalisiert wurde, entsteht für das betreffende Individuum eine zumindest "milde" und unverbindliche Form der Assoziierung mit dem betreffenden sozialen System. In diesem Falle sind die "Kosten" für das Individuum eher niedrig anzusetzen. Aufgrund der fehlenden Interaktionen sind Sanktionsmöglichkeiten der Gruppe weitgehend auszuschließen, der Aufwand für aktive Solidarität ist äußerst gering, da es sich um eine Art von "latenter Solidarität" handelt, zu der zwar grundsätzliche Bereitschaft besteht und die unter bestimmten Umständen auch aktivierbar ist, die in der Regel aber gar nicht eingefordert wird. Im Vergleich dazu ist der "Nutzen" der symbolischen Gruppenbindung erheblich; er liegt im Gewinn von Identitätssicherheit und in der Gewißheit, einem (wenn auch nur vage definierbaren) spezifischen Sozialsystem anzugehören, und somit in einem Gefühl der sozialen Geborgenheit.

Derartige symbolische Bindungen sind auch dann möglich, wenn das betreffende soziale Bezugssystem als funktionierender Interaktionszusammenhang mit spezifischen Rollenkonfigurationen und institutionellen Strukturen gar nicht (mehr) existiert. H.J. Gans (1979) beschreibt am Beispiel der dritten und vierten Generation von Emigranten solche "neue Formen" ethnischer Identität in der gegenwärtigen Gesellschaft der USA und verwendet zu ihrer Kennzeichnung den Begriff "symbolic ethnicity". "Ethnic identity can be expressed either in action or feeling, or combinations of these...Third generation ethnics can join an ethnic organization, or take part in formal or informal organizations composed largely of fellow-ethnics; but they can also find their identity by "affiliating" with an abstract collectivity *which does not exist as an interacting group*" (S. 8; Hervorhebung P.W.). Da die Funktion ethnischer Kulturen und Gruppen als Interaktionszusammenhang und praktizierte Lebensform schwinde, habe Ethnizität zunehmend eine expressive und nicht mehr eine instrumentale Funktion für das Leben der betroffenen Individuen. "Symbolic ethnicity can be expressed in a myriad of ways, but above all, I suspect, it is characterized by a nostalgic allegiance to the culture of the immigrant generation, or that of the old country; a love for and a pride in a tradition that can be felt without having to be incorporated in everyday behavior" (S. 9). "Symbolic ethnicity, however, *does not require functioning groups or networks*; feelings of identity can be developed by allegiances to symbolic groups that never meet, or to collectivities that meet only occasionally, and exist as groups only for the handful of officers that keep them going. By the same token, symbolic ethnicity *does not need a practiced culture*, even if the symbols are borrowed from it" (S. 12; Hervorhebungen P.W.). Auch H.J. Gans betont, daß die "Kosten" der symbolischen Ethnizität gering sind, während ihr "Nutzen" durchaus beachtenswert ist (S. 15/16). Auf personaler Ebene kann dieser Nutzen durch den Beitrag zur Identitätsfindung und der Möglichkeit einer Abgrenzung gegenüber anderen Personen bzw. der Demonstration subjektiver Besonderheit umschrieben werden. Auf der Ebene des sozialen Systems ist er in der Wirkung des symbolischen Gruppenzusammenhalts zu sehen, durch den die zeitliche Konstanz eines ethnisch definierten Sozialgefüges aufrecht erhalten wird, das als Interaktionsstruktur längst nicht mehr existiert.

In Analogie zur symbolischen Ethnizität läßt sich auch die systemfunktionale Bindungswirkung raumbezogener Identität umschreiben. Die evidenten und empirisch belegbaren Formen einer sozial*räumlich* ausgeprägten Gruppenkohäsion, die sich eben als *Orts*loyalität fassen läßt, *beziehen sich auf symbolische Sozialgebilde und nur zum Teil auf die soziofunktionale Realität*. Es sind also nicht Nachbarschaften oder "Communities" im Sinne räumlich abgrenzbarer Sozialsyteme mit einer überwiegenden Binnenorientierung sozialer Interaktionen und Netzwerke, die gleichsam als Primärgruppen das Bezugsobjekt sozialräumlicher Identität darstellen. "Wir-Gefühl" und Gruppenloyalität beziehen sich vielmehr auf *symbolische Gruppen und symbolische Gemeinschaften*, die zwar durchaus eine gewisse räumliche Clusterbildung der Interaktionen auf niedrigerer Bedeutungsstufe erkennen lassen, die im Regelfalle aber nicht den Kriterien einer Primärgruppe entsprechen. Diese symbolischen Bezugsgrößen werden nun offensichtlich als Sozialgefüge wahrgenommen, für deren Konstituierung, inhaltliche Ausprägung und Abgrenzung nach außen der physisch-materielle Raum eine entscheidende Rolle spielt. Um den räumlichen Aspekt dieses sozialen Zusammenhangs zu betonen, spricht A. Hunter (1974 und 1987) hier von "symbolic communities". Obwohl es sich von der Struktur der Netzwerke her gesehen eben nicht um primärgruppenartige Sozialsysteme im Sinne der Nachbarschaftsidee handelt, wird durch die Reaktion und die Attitüden der Beteiligten, also der im betreffenden Raumausschnitt beheimateten Personen, einfach unterstellt, daß eine räumlich abgrenzbare Gemeinschaft, ein Gruppenzusammenhang auf lokaler oder regionaler Basis gegeben sei. Man reagiert so, *als ob* ein Primärgruppenzusammenhang bestehen würde und hat damit eine "handliche" symbolische Bezugsgröße zur Verfügung, auf die ein mehr oder weniger ausgeprägtes "Wir-Gefühl" bzw. eine Art Gruppenloyalität ausgerichtet werden kann.

Man könnte also (wenn es erlaubt ist, in diesem Zusammenhang einen Begriff aus der Softwaretechnologie als Metapher zu verwenden) gleichsam von der *Emulation*[33] eines räumlich definierten Primärgruppenzusammenhangs sprechen.[34]

---

33) Von "Emulation" wird in der EDV-Terminologie dann gesprochen, wenn ein Computer X mit Hilfe eines bestimmten Programms dazu veranlaßt werden kann, sich wie ein anderer Computer Y zu verhalten, in bestimmten Grenzen so zu reagieren, *als ob* er ein Gerät vom Typus Y wäre.
34) Im übrigen kann auch für andere gesellschaftliche Zusammenhänge eine *symbolische Gruppenbindung* der eben besprochenen Art angenommen werden. Auch ein nicht praktizierendes Mitglied einer bestimmten Religionsgemeinschaft, das am religiösen Leben nicht aktiv teilnimmt und in keinem erwähnenswerten Interaktionszusammenhang mit den Repräsentanten dieser Gemeinschaft steht, wird Reste einer Gruppenloyalität bewahren, wird sich als Christ, Katholik, Protestant etc. fühlen, sich mit den Symbolen und grundlegenden Werten der betreffenden Glaubensgemeinschaft identifizieren, ein Gefühl der Zugehörigkeit besitzen. Ähnliches ist für weltanschauliche Gruppierungen oder Parteien zu vermuten. Zur Frage der

In Anlehnung an die Strukturationstheorie könnte man auch sagen, daß im Akt des prozessualen Vollzugs raumbezogener Identität sich spezifische Systemformen des Sozialen erst konstituieren, die - mit unterschiedlichen Überschneidungsmöglichkeiten - *neben* den klassischen Gruppenbindungen existieren. Man wird sich bei der Betrachtung derartiger Zusammenhänge vor der Hypostasierung solcher sozialer Subsysteme ebenso hüten müssen wie vor einer Überschätzung ihrer gesamtgesellschaftlichen Bedeutsamkeit. Andererseits darf nicht übersehen werden, daß diesen raumbezogenen symbolischen Sozialsystemen eine evidente lebensweltliche Realität zukommt, sie sind Bestandteil der "gesellschaftlichen Konstruktion von Wirklichkeit".

Die Einzelindividuen moderner Gesellschaftssysteme gehören in der Regel einer Vielzahl von sozialen Gruppierungen an. Die als raumbezogene Identität faßbare Bindung an räumlich abgrenzbare symbolische Gruppen und Gemeinschaften stellt *nur eine* von mehreren gleichzeitig bestehenden Mitgliedschaften zu sozialen Subsystemen dar. Die Bezugsgrößen dieser Bindung zählen zu jenen Instanzen, die dem Individuum eine Teilnahme am gesellschaftlichen Leben ermöglichen und die gleichsam als Modelle oder Metaphern dienen, vor derem Hintergrund "die Gesellschaft" erlebt wird.

Symbole sind generell ein bedeutsames Medium für die Ausbildung und Festigung von Gruppenkoheränz. Für den hier besprochenen Typus sozialer Subsysteme gilt dies in ganz besonderem Maße. Symbole sind einerseits als gemeinsame und intersubjektiv geteilte Referenzgrößen wirksam, sind Ausdruck intersubjektiv verbindlicher Sinnstrukturen, andererseits stellen sie ein äußeres Zeichen der Gruppenbindung dar. Für symbolische Gemeinschaften als Objekte raumbezogener Identität steht ein breites inhaltliches Spektrum an möglichen Symbolquellen zur Verfügung. Seit H. Treinen (1965) wird der Name der betreffenden Raumeinheit als wichtiger Symbolträger herausgestellt. Daneben sind vor allem physisch-materielle Gegenstände zu nennen. Dazu zählen etwa Gebäude und bauliche Wahrzeichen von besonderer historischer oder architektonischer Bedeutung, Kirchen, Schlösser, Brücken, Türme, Ensembles eines bestimmten Baustils, regionale Baumaterialien, aber auch regionalspezifische Gegenstände des täglichen Gebrauchs, regionale Naturprodukte, ja sogar ortstypische Getränke und Speisen ("Weiße mit Schuß", "Handkäs mit Musik", "Heuriger" etc.) sowie landschaftliche Besonderheiten (Flüsse, Berge, spezifische Vegetationsformen). Als weitere Quellen sind lokalhistorische Begebenheiten, Persönlichkeiten und Mythen (Salzburger Stierwascher, Tünnes und Schäl, Eulenspiegel) oder bestimmte Verhaltensweisen bzw. Charaktereigenschaften anzuführen (Wiener Charme,

---

soziopolitischen Mobilisierung symbolischer Ethnizität vergl. W. Aschauer (1990, Abschnitt 2.1).

Berliner Schnoddrigkeit, Tiroler Sturheit). Ein sehr wichtiges Symbol stellt die Sprache dar, die besonders gut geeignet ist, Gruppenloyalität und Zugehörigkeit nach außen zu demonstrieren[35]. Aber auch Kleidungsstücke und Bekleidungsgewohnheiten (wobei keineswegs nur an Trachten zu denken ist) haben diese spezifische "Zeigerfunktion". Ein derartiges Zur-Schau-Stellen der Gruppenloyalität ergibt sich etwa aus der demonstrativen Teilnahme an bestimmten Veranstaltungen oder aus dem Besuch regionaler "In-Lokale". Weitere potentielle Symbolträger sind lokale/regionale Institutionen und Ereignisse wie Festspiele, Sportveranstaltungen oder Festlichkeiten. Natürlich sind in diesem Zusammenhang auch lokale Vereine, Institutionen, Bürgerinitiativen, Stadtteil- und Straßenfeste etc. zu nennen, deren Bedeutung allerdings eher überschätzt wird.

Wie bei jedem anderen sozialen System bedeutet die Teilhabe an symbolischen Gemeinschaften, daß die Mitglieder bestimmte *soziale Rollen* zu übernehmen haben. Die charakteristische Rolle für räumlich definierte symbolische Gruppen auf der untersten Maßstabsebene ist jene des *Nachbarn* (vergl. z.B. S. Keller 1968 oder B. Hamm 1973). Gruppenkohäsion ergibt sich nicht zuletzt daraus, daß die einzelnen Mitglieder des Systems die mit der Rolle verknüpften sozialen Anforderungen der Rollensender erfüllen. Die zugeschriebene Rolle des Nachbarn beinhaltet ein Bündel an wechselseitigen Erwartungshaltungen, die vor dem Hintergrund sozialer Werthaltungen den jeweiligen Rolleninhaber zu bestimmten Verhaltensweisen und Reaktionen gleichsam nötigen. Die Rolle des Nachbarn ist nun dadurch gekennzeichnet, daß die mit ihr verbundenen Verhaltenserwartungen für den Rolleninhaber keinen besonderen Aufwand bedeuten und verhältnismäßig einfach erfüllt werden können. Rollenstreß oder Rollenkonflikte kommen dadurch kaum vor. Die wichtigste Anforderung für den Rolleninhaber ist die Demonstration einer unverbindlich-freundlichen Geneigtheit, verbunden mit einer Bereitschaft zur spontanen Hilfeleistung bei Notfällen und in alltäglichen Versorgungssituationen. Neben einer grundsätzlichen Bereitschaft zu beiläufigen Gesprächen wird vor allem die Respektierung der engeren Privatsphäre des jeweiligen Interaktionspartners erwartet[36].

Im Übergang zu räumlich ausgeweiteten Bezugseinheiten werden zusätzlich die Rollen des Viertelsbewohners, Stadtbewohners und Regionsbewohners relevant. Mit der Maßstabsebene verändern sich auch die vom Rolleninhaber eingeforderten Leistungen. Die Erwartungshaltungen werden zunehmend abstrakter und stärker entpersonalisiert und beziehen sich nun vor allem auf

---

[35] Dies gilt nicht nur für die bereits besprochene Verwendung von Dialekt oder regionalen Sonderformen der Umgangssprache, sondern auch für spezifische Formen und Muster der sprachlichen Kommunikation (vergl. dazu auch D. Graf v. Merfeldt 1971).
[36] B. Hamm (1973, S. 80-89) nennt folgende Teilelemente oder Segmente der Nachbarrolle: Nothelfer, Sozialisationsagent und Kommunikationspartner.

eine undramatische Form der grundsätzlichen Solidarität mit der betreffenden symbolischen Gemeinschaft. Der Rolleninhaber weiß, daß von ihm in bestimmten Situationen erwartet wird, sich als "Lehener", "Salzburger", "X-viertler/gauer" zu fühlen. Das bedeutet, daß er unter bestimmten Umständen eine gewisse Solidarität gegenüber einem Lokalpolitiker (notfalls sogar von der anderen Partei), mit dem regionalen Fußball- oder Sportverein oder mit regionalen Teilorganisationen karitativer Vereinigungen demonstrieren sollte. Er weiß, daß von ihm erwartet wird, bestimmte auf den Stadtteil, die Gesamtstadt, die Region bezogene Initiativen oder Projekte zumindest symbolisch zu unterstützen. Dazu zählen etwa die Förderung einer lokalen karitativen Organisation, finanzielle Hilfe bei der Restaurierung "identifikationsträchtiger" Baudenkmäler, die Unterstützung regionaler Vereine und Institutionen, die Teilnahme an Festen der Freiwilligen Feuerwehr, des Kirchenchors, der regionalen Parteiorganisation, von Bürgerinitiativen etc. Im Rahmen dieser Rolle ist es angebracht, zumindest gelegentlich auch die jeweilige Lokalzeitung zu lesen, den Regionalfunk zu hören, Anteil zu nehmen an dem, was in der betreffenden Raumeinheit vor sich geht. Und er weiß, daß er keinerlei ernsthafte Sanktionen zu befürchten hat, wenn er all dies *nicht* tut.

Durch diese sehr lockere Einbindung des Individuums in den Zusammenhalt einer symbolischen Gemeinschaft entsteht eine Art "distanzierter Öffentlichkeit" (A. Göschel 1984, S. 24), die dem einzelnen Mitglied erhebliche Freiheiten und Spielräume offenläßt, gleichzeitig aber die emotionale Geborgenheit der Zugehörigkeit zu einem größeren sozialen Ganzen bereithält. Das einzelne Mitglied kann nach eigenem Gutdünken und situationsspezifischen Bedürfnissen zwischen Öffentlichkeit und Privatheit wählen. Gerade die relative Unverbindlichkeit und die damit verbundene Freiheit von allzu engen Sozialkontakten stellen offensichtlich eine wichtige Voraussetzung für die Bindungs- und Identifikationspotentiale von Nachbarschaften und Wohnquartieren dar (vergl. K. Thum 1981 oder A. Göschel 1984). Die durch raumbezogene Identität vermittelte Gruppenkohäsion bietet somit die Vorteile der Primärgruppenbindung an, ohne gleichzeitig deren Nachteile oder Kosten aufzuweisen, nämlich rigorose soziale Kontrolle und Zwang sowie Rollenstreß. Räumlich-soziale symbolische Gemeinschaften eröffnen als "community liberated" dem Gruppenmitglied gleichermaßen die Option der sozialen Zugehörigkeit *und* der individuellen Freiheit (B. Wellman 1978/79, S. 1206/7). Damit ist auch der Nutzen oder Sinn dieses Gruppenzusammenhalts für die Systemebene offensichtlich. Er liegt in der Aufrechterhaltung und der zeitlichen Konstanz des betreffenden symbolischen Sozialgefüges, das durch den Vollzug raumbezogener Identität erst konstituiert wird.

Die diskutierte Lockerheit und Unverbindlichkeit sowie der abstrakt-symbolische Charakter der Gruppenbindung haben aber noch andere Auswirkungen. Es kann vermutet werden, daß derartige symbolische Gemeinschaften in besonderem Maße dafür anfällig sind, Vehikel und Gegenstand der Manipulation, Beeinflussung oder Außensteuerung zu werden. Gerade weil symbolische Sozialgefüge keine Primärgruppen sind, sondern die oben angedeutete Struktur aufweisen, lassen sie sich mit relativ geringem Aufwand (etwa über die Massenmedien) von außen beeinflussen und können verschiedensten Institutionen oder Organisationen als Medium zur "Rationalisierung ihrer Programme" dienen. Der von G. Hard (1987b) oder H. Klüter (1986) herausgestellte Aspekt des "Identitätsmanagements" sollte auch vor diesem Hintergrund gesehen werden (vergl. dazu C. Giordano 1981 oder I.-M. Greverus 1981).

6. MASSSTABSFRAGEN

Ein erhebliches Problem der bisherigen innergeographischen Diskussion sind die merkwürdigen Maßstabssprünge, die sich bei der Darstellung von Referenzobjekten raumbezogener Identität ergeben. Die besprochenen Teilfunktionen und Einzelaspekte dieses Phänomens können sich anscheinend gleichermaßen oder je nach dem Kontext der Interpretation auf mikroräumliche, lokale, regionale, nationale und gar übernationale Maßstabsbereiche beziehen (vergl. P. Weichhart 1990, Abb. 1). Hier handelt es sich offensichtlich nicht nur um eine Frage der innerfachlichen Gewichtung bestimmter Maßstabsebenen oder um Konventionen bezüglich der Arbeitsteilung zwischen den beteiligten Disziplinen[37], sondern auch um ein inhaltliches Problem. Wird raumbezogene Identität für menschliche Individuen gleichzeitig auf mehreren Maßstabsebenen wirksam? Kann man gleichzeitig von emotionalen Bindungen und Loyalitätsgefühlen gegenüber der engeren Nachbarschaft, der gesamten Stadt, der Region und der Nation betroffen sein, oder dominiert jeweils einer dieser Maßstabsbereiche? Wie kann diese unterschiedliche Zuordnung vom Individuum kognitiv und emotional bewältigt werden, muß das nicht auch zu Loyalitätskonflikten führen? Ist einer dieser Bereiche objektiv gesehen wichtiger als die anderen? Lassen sich für die verschiedenen Maßstabsbereiche unterschiedliche Gewichtungen der jeweiligen funktionalen Bedeutungen bzw. der dahinterstehenden Prozesse vermuten? Wie läßt sich das "Umkippen" oder der perspektivische Sprung von einer Ebene auf die andere erklären?

Betrachtet man zunächst den kognitiven Aspekt der raumbezogenen Identität, also die im Prozeß der Identifikation I entstehenden kognitiv-emotionalen Konstrukte der Umweltwahrnehmung, dann besteht wohl kein Zweifel daran, daß alle genannten Maßstabsebenen gleichermaßen präsent und wirksam sind. Je nach Handlungs- und Kommunikationskontext stehen dem Individuum verschiedene Kategorien sozialräumlicher "Einheiten" von der "kleinen Nachbarschaft" bzw. sogar vom "Personal Space" bis zu übernationalen Gebilden zur Verfügung, die problemlos als Denkkategorien und Inhalte von Kommunikation handhabbar sind (vergl. z.B. W. Zelinsky 1980, S. 3). Die Maßstabskategorien sind also keine Erfindung der Geographie, sondern sie lassen sich als gängige, umgangssprachlich fixierte und im Alltagshandeln bedeutsame räumliche Kategorisierungsschemata subjektiver Welterfahrung des Menschen erfassen, die unabhängig vom jeweiligen Untersuchungsansatz als Struktur der "sozialen Konstruktion von Wirklichkeit"

---

[37] So hat sich die Psychologie bisher vor allem auf mikroräumliche Bereiche konzentriert, BHP betonen für die Geographie die Priorität der regionalen Maßstabsebene.

existieren. Sie werden als einer der unzähligen Inhalte des Sozialisationsprozesses dem Sozialisanden aufgenötigt und von diesem schließlich internalisiert. Man wird allerdings darüber streiten können, ob diese kognitiven Strukturen als Sozialisationsprodukte nicht letztlich doch wieder Reflexe von Konzepten darstellen, die beispielsweise im Geographieunterricht vermittelt wurden[38].

Etwas komplizierter stellt sich die Situation bei den "Selbst-" und "Wir/Sie"-bezogenen Aspekten räumlicher Identität dar. Auch für diesen Funktionsbereich wird in der Literatur die Annahme vertreten, daß durch die Identifikationsprozesse II und III Raumeinheiten unterschiedlicher Größenordnung gleichermaßen für die Selbst- und Wir/Sie-Konzeption bedeutsam werden können. M. Lalli (1988 b, S. 2 oder 1989) betont, daß diese Bezüge zur räumlich-sozialen Umwelt auf einem Kontinuum beschrieben werden können, das vom Mikromaßstab bis zu Kontinenten reicht. Ähnliche Auffassungen werden von einer Reihe anderer Autoren vertreten (vergl. H.M. Proshansky 1978, S. 153, H.-P. Meier-Dallach 1980, S. 302, B.B. Brown und C.M. Werner 1985, S. 542, A. Rowley 1985, S. 26, H.-P. Meier-Dallach, S. Hohermuth und R. Nef 1987, S. 383). E. Holtmann (1988, S. 213) sprach bei einer Podiumsdiskussion am Münchner Geographentag sogar davon, daß das "Raumbewußtsein" zwischen den unterschiedlichen Maßstabsbereichen gleichsam "oszillieren" könne, sich also irgendwo zwischen dem Bereich des Lokalen und der Nation oder dem Kulturraum bewegt. Die genannten Autoren beziehen sich also auf das evidente Phänomen, daß eine bestimmte Person *sowohl* das engere Wohnquartier, die Stadt bzw. die Region, in der sie lebt, *als auch* nationale/staatliche Zugehörigkeiten als relevante Aspekte zur Umschreibung ihrer Ich-Identität verwenden kann.

Ein derartiges "Oszillieren" zwischen verschiedenen Bezugsobjekten oder Dimensionen der Ich-Identität ist keineswegs nur für den Bereich der raumbezogenen Identität charakteristisch. Es gilt gleichermaßen auch für alle anderen Designata des Selbst-Konzepts. Reflexionen über die eigene Identität und ihre demonstrative Offenlegung gegenüber der sozialen Umwelt finden ja nicht permanent statt (und sind auch nicht ständig bewußt), sondern ergeben sich aus ganz bestimmten Anlässen und in spezifischen Situationen. Dementsprechend werden auch die Designata der Ich-Identität je nach Handlungskontext und konkreten Lebensbezügen unterschiedlich akzentuiert sein. In bestimmten Situationen kann die Dimension "Geschlecht" im Vordergrund stehen, bei anderen Anlässen die Dimension "Alter" etc. "...demands and presentations of...identity are, to a large degree,

---

[38] Man könnte es - in Anlehnung an G. Hard (z.B. 1989, S. 9) - auch so interpretieren, daß die betreffenden Maßstabskategorien der Geographie "laienwissenschaftliche" Reflexionen alltagsweltlicher Denkkategorien darstellen.

situation-specific. It is only in specific settings that my ethnic or urban or religious identity is required and that I am identity-conscious" (C.F. Graumann 1983, S. 316).

Auch für die raumbezogene Identität kann eine situations- und kontextspezifische Akzentuierung unterschiedlicher Bezugsobjekte angenommen werden. Beim Match des lokalen Fußballclubs gegen den Verein des Nachbarviertels wird sich der Zuseher als loyaler Viertelsbewohner fühlen, der gegen "die anderen" pfeift, spielt die Nationalmannschaft, dann wechselt die Bezugseben, und die nationale Identität tritt (so banal der Anlaß auch ist) in den Vordergrund. Mit der Änderung der Situation wechselt die symbolische Bezugsgruppe, verändern sich Rollen und Erwartungshaltungen.

Es ist aber klar, daß ungeachtet dieser prinzipiellen Möglichkeit eines kontextspezifischen Wechsels der Bezugsebene den verschiedenen Maßstabsbereichen unterschiedliche funktionale Bedeutungen zukommen. So kann aus den Überlegungen in Abschnitt 4 abgeleitet werden, daß aus der Perspektive des Individuums eindeutig die *lokale Maßstabsebene* als primäre Referenzgröße wirksam wird. Der Wohnstandort und die unmittelbare Wohnumgebung, die "kleine Nachbarschaft" und gerade noch das weitere Wohnviertel sind als "subjektive Mitte der Welt" der eigentlich entscheidende Maßstabsbereich, auf den individuelle Identifikationsprozesse zentriert sind. Dieser Kernbereich der subjektiven Lebenswelt ist der räumliche Brennpunkt der Grundfunktionen raumbezogener Identität (Sicherheit, Stimulation, soziale Interaktion/Symbolik und Identifikation) für personale Systeme, hier besteht eine für das Subjekt anschauliche Unmittelbarkeit sozialer Erfahrungen.

Betrachtet man also die Funktionalität auf der Individualebene, dann erweisen sich die *regionalen* und noch weiter ausgreifenden Aspekte raumbezogener Identität eher als Epiphänomene, denen gewiß eine nicht zu unterschätzende Bedeutsamkeit zukommt, die aber nur dann sinnvoll interpretiert und verstanden werden können, wenn man die dahinterstehenden Bindungswirkungen auf der lokalen Maßstabebene angemessen berücksichtigt.

Diese (gleichsam genetisch bedingte) Sonderstellung der lokalen Ebene bedeutet nun aber nicht, daß die höherrangigen Maßstabsbereiche in geringerem Maße identifikationsfähig sind oder nicht zum Gegenstand tiefreichender emotionaler Bindungen werden könnten. In Anlehnung an G. Winter und S. Church (1984) wird hier die These vertreten, daß die auf der lokalen Ebene raumbezogener Identität gewonnenen subjektiven Erfahrungen vom Individuum durch Abstraktions- und Generalisierungsprozesse auf höherrangige Bezugsobjekte *übertragen* werden können.

Der lokale Bereich als Zentrum unmittelbarer und direkter Welterfahrung kann zum Maßstab und Modell der Wirklichkeit werden, von dem aus andere Lebensbereiche, die nicht in dieser Unmittelbarkeit zugänglich sind, beurteilt und bewertet werden. Die hier gewonnene Sicherheit und Stimulation, die hier erlebte Anschaulichkeit der sozialen Erfahrung und die hier bestehende Unmittelbarkeit der emotionalen Beziehungen werden zum Interpretationsmuster, dem auch für andere räumlich-soziale Identifikationsobjekte Gültigkeit oder Anwendbarkeit zugeschrieben wird.

In diesem Sinne nehmen G. Winter und S. Church (1984, S. 82) an, daß durch den psychischen Prozeß der *Übertragung und durch Ähnlichkeitsgeneralisierungen die auf den engeren Lebensraum geprägten Emotionen und Identifikationen in spezifischen Handlungskontexten auf größere räumliche Einheiten (wie Region oder Nation) ausgeweitet werden können*. Es findet also ein *Transfer* typischer Einstellungen, Attribuierungen und emotionaler Bindungen von der lokalen Ebene auf höherrangige Maßstabsbereiche statt (vergl. dazu auch D.E. Sopher 1979, S. 129 oder K. Dovey 1985, S. 46). Dieser Transfer kann dazu führen, daß das Individuum im Umgang mit einer abstrakten, symbolischen und der unmittelbaren Erfahrung völlig unzugänglichen Referenzgröße wie einer Region oder Nation die gleiche Sicherheit und Selbstverständlichkeit gewinnen kann wie im Umgang mit der unmittelbaren Nahumgebung.

Der Prozeß der Übertragung[39] kann als charakteristische und durch kommunikativen Gebrauch sozial abgesicherte Praxis lebensweltlichen Denkens und Argumentierens angesehen werden. Durch Übertragungsvorgänge werden individuelle Wahrnehmungen und Interpretationen, aber auch Algorithmen des Denkens, Urteilens und Bewertens von einer bestimmten sozialen Situation, für die sie sich bewährt haben, auf andere Lebenszusammenhänge und Handlungskontexte angewandt (vergl. T. Leithäuser und B. Volmerg 1981, S. 13). In diesem Sinne können die Bindungswirkungen und anderen Funktionen räumlicher Identität von der unmittelbar und konkret erfahrenen sozialen Wirklichkeit des engeren Wohnquartiers auf symbolische Bezugseinheiten übergeordneter Maßstabsbereiche projiziert werden.

---

39) Der Begriff "Übertragung" wird vor allem in der Psychoanalyse verwendet. Dort versteht man darunter die "...Reaktivierung von Erfahrungen in der Vergangenheit in der Beziehung zum Therapeuten" (T. Leithäuser und B. Volmerg 1981, S. 81). In einer allgemeineren Bedeutung bezeichnet man damit verschiedene Phänomene der Wahrnehmung und Interpretation gegenwärtiger Situationen im Lichte vergangener Erfahrungen bzw. ähnlicher vergangener Situationen (vergl. W. Toman 1987). Der lerntheoretische Begriff "Generalisierung" hat eine ähnliche Bedeutung, steht aber stärker in der behavioristischen Tradition. T. Leithäuser et al. (1981) haben gezeigt, daß die Konzepte "Übertragung" und "Übertragungsregeln" besonders gut für die Darstellung lebensweltlicher und alltagspraktischer Handlungszusammenhänge geeignet sind.

Damit ist aber keinesfalls eine ausreichende Erklärung des Zustandekommens raumbezogener Identität auf der regionalen, staatlichen und nationalen Maßstabsebene erreicht. Die oben angedeuteten Transferprozesse beziehen sich ausschließlich auf die inneren psychisch-mentalen Bedingungen oder Voraussetzungen ihrer Implementierung. G. Hard (mündliche Mitteilung) hat völlig recht, wenn er meint, daß "Heimat- und Vaterländer" soziale Konstrukte sind, die dem Sozialisanden von außen und im Rahmen institutioneller Vermittlungsinstanzen (wie der Schule, vergl. G. Hard 1987c) aufgenötigt werden und deren Zweck letzlich in der vom Individuum zu internalisierenden Akzeptanz und subjektiv bejahten Legitimierung von Machtansprüchen und Fremdbestimmung liegt. Daher seien subjektive Transfer- oder Analogieroutinen kein angemessenes Modell für die Erklärung des Zustandekommens derartiger Bindungswirkungen im Maßstabsbereich von Regionen, Staaten oder Nationen. Der beschriebene Prozeß der Übertragung bezieht sich aber nicht auf die Produktion, sondern auf die Akzeptanz und Internalisierung derartiger Raumabstraktionen. Er bietet also einen Erklärungsansatz nur dafür, daß sich das Individuum die extern produzierten Identifikationsangebote mit der notwendigen emotionalen und affektiven Verankerung auch zu eigen machen kann (vergl. oben, Kapitel 4).

Ein letzter Gesichtspunkt muß in Zusammenhang mit dem Maßstabsproblem noch erörtert werden. So wie es individuelle Unterschiede bei der subjektiven "Anfälligkeit" gegenüber Aspekten der raumbezogenen Identität gibt (vergl. Abschnitt 4.4), können auch für die Objektseite der Identifikation qualitative Unterschiede der relativen "Geeignetheit" angenommen werden: Bestimmte Ausschnitte der sozialräumlichen Umwelt eignen sich besser oder weniger gut dafür, Gegenstand von Identifikationsprozessen zu werden. Für den kognitiven Bereich lassen sich diese qualitativen Unterschiede mit K. Lynch's (1960) Konzept der "legibility" umschreiben. Die "Lesbarkeit" eines Siedlungskörpers, die Leichtigkeit, Einprägsamkeit und Klarheit, mit der seine bauliche, aber auch funktionale Struktur vom Subjekt wahrgenommen werden kann, ist offensichtlich eine Funktion seiner der Wahrnehmung entgegenkommenden Gestaltqualität.

Ähnliche Zusammenhänge werden auch für die Bindungs- oder Identifikationsfähigkeit der Umwelt vermutet (vergl. A. Göschel 1984, S. 7/8). U. Herlyn (1988, S. 116) betont, daß die emotionale Besetzung physischer Umweltbestandteile umso besser gelinge, je *unverwechselbarer und eigenständiger* sie sind. Auch M. Lalli (1989, S. 22) erörtert die Bedeutung der wahrnehmbaren "Einmaligkeit" und "Besonderheit" von Städten. Das "Unverwechselbare" und die (positiv besetzte) Spezifik einer Stadt verleihen auch dem Bewohner "...das Gefühl einer grundsätzlichen Einmaligkeit". Derartige durch konkrete Merkmale symbolisierte Attribute der Besonderheit stellen eine günstige Voraussetzung für Prozesse der Identifikation II und III dar. G. Winter und

S. Church (1984, S. 80/81) erwähnen die in Baudenkmälern manifestierte und symbolisierte kollektive geschichtliche Erfahrung, die historische Tiefe eines Siedlungskörpers, aus der sich hohe Identifikationspotentiale ergeben könnten (vergl. M. Halbwachs 1967). Andere Autoren verweisen auf den positiven Effekt einer klar erkennbaren Geschlossenheit oder Abgrenzbarkeit von Siedlungskörpern und Regionen (M. Schwonke und U. Herlyn 1967, S. 13 oder U. Jeggle 1981, S. 19).

Diese Attribute der vom Subjekt erkennbaren Abgrenzbarkeit, Gestalthaftigkeit, Besonderheit und historischen Tiefe sind als wichtige Bedingungen objektspezifischer "Identifikationsfähigkeit" für alle Maßstabsbereiche raumbezogener Identität zu berücksichtigen. Es kann vermutet werden, daß der eine oder andere negative Befund der "Regionalbewußtseinsforschung" dadurch mitbedingt ist, daß das betreffende Untersuchungsgebiet diese spezifischen Potentiale *nicht* besitzt (vergl. etwa U. Kerscher 1989).

7. EINIGE METHODOLOGISCHE ERGÄNZUNGEN, SCHLUSSFOLGERUNGEN UND FORSCHUNGSPOLITISCHE ÜBERLEGUNGEN

In diesem letzten Abschnitt sollen in sehr knapper Form einige forschungspolitische und methodologische Anmerkungen vorgelegt werden. Angeregt wurden diese Überlegungen durch kritische Hinweise, die dem Autor von verschiedenen "Reviewern" einer Rohfassung des vorliegenden Textes zugegangen sind. Zunächst soll ein häufig verwendeter Begriff zumindest kursorisch abgeklärt werden, der sich bei näherer Betrachtung als problematisch erweist und bisher noch nicht ausdrücklich thematisiert wurde.

7.1 "Physical settings" oder "semantical settings"?

Es ist zu diskutieren, was denn genau gemeint sein kann, wenn von "*physisch-materiellen Dingen*" die Rede war. Im Kontext der Umgangssprache ein völlig unproblematisches sprachliches Zeichen, wird dieser komplexe Begriff aber sehr schwierig zu fassen, wenn er in einer spezifisch sozialwissenschaftlichen Perspektive verwendet wird. In der Geographie überwiegt auch heute noch eine kaum ernsthaft reflektierte und auf der selbstverständlichen Evidenz der umgangssprachlichen Bedeutung beruhende Begriffsverwendung. Dies liegt wohl auch in der unausgesprochenen (und nicht völlig unzutreffenden) Vermutung, daß jede tiefergehende Reflexion über den Sinngehalt dieser Wortkombination sehr rasch auf den unsicheren Grund ontologischer Spekulationen geraten muß. Spätestens seit der Habilitationsschrift von D. Bartels (1968) ergibt sich für unser Fach aber doch die zwingende Notwendigkeit, sich mit dieser Frage näher auseinanderzusetzen. Denn dort betont D. Bartels bereits ausdrücklich die für den Forschungsprozeß grundlegende "...Scheidung der Sphäre des Materiellen und des Naturgeschehens einerseits, des Reichs der Werte und des Wertgeschehens andererseits" (S. 17). Seither wird von verschiedenen Autoren immer wieder betont, daß es demnach unangemessen sei, soziale Phänomene auf physisch-materielle Strukturen zu projizieren: "Die gesellschaftliche Welt...ist jedoch primär eine immaterielle Welt, konstituiert von Entscheidungssituationen und Wertrelationen, nicht vom ckgs-System der Physik" (D. Bartels 1974, S. 18).

Vor allem G. Hard hat mehrfach und mit großer Nachdrücklichkeit betont (z.B. 1987c), daß es für den Sozialgeographen keine sehr sinnvolle Perspektive sein könne, sich mit der physischen Welt und der Materie zu befassen (etwa auf dem für das Fach charakteristischen Weg, die Welt als *räumliche* Wirklichkeit begreifen zu wollen). Denn selbst bei der Untersuchung dinglicher Artefakte könne man auf diese Weise eben nur deren physisch-materielle Seite erfassen, nicht aber das, worauf es in einer sozialwissenschaftlichen Perspektive eigentlich ankommt, nämlich ihren individuellen, sozialen oder kulturellen *Sinn* (ebda., S. 27). Sein Therapievorschlag lautet: Wenn der Geograph es schon nicht lassen könne, sich den sozialen Phänomenen auf dem Umweg über den Raum (bzw. die physisch-materielle Wirklichkeit) zu nähern, dann möge er den Raum (und die Dinge) doch wenigstens in der *sozialen* Welt suchen. Und er würde beides dort auch finden können: "...allerdings in einem anderen ontologischen Aggregatzustand, nämlich nicht als eine *Wirklichkeits*-, sondern als eine *Sprach*struktur" (ebda., S. 28).

Unter Verweis auf diese Argumentation hat G. Hard den vorliegenden Text dahingehend kritisiert, daß immer dann, wenn hier von physisch-materiellen Dingen oder Raumbezügen die Rede sei, in Wirklichkeit "semantical settings" und nicht "physical settings" gemeint wären (mündliche Mitteilung). Es sei hier also gar nicht von der physisch-materiellen Welt, sondern von *gedeuteter Welt* die Rede. Physische Strukturen wie eine Stadt, ein Stadtteil, ein Gebäude, eine Kapelle, ein Möbelstück etc. könnten *als materielle Dinge* ja nur mit naturwissenschaftlichen Kategorien beschrieben werden. Dann handle es sich aber eben nicht um ein "Haus" oder eine "Kapelle", sondern um eine bestimmte strukturierte Menge von Materie, die beispielsweise (im Falle eines aus Granitblöcken errichteten Gebäudes) überwiegend aus SiO_2 und Al_2O_3 besteht.

Gegen diese Kritik ist zunächst einzuwenden, daß die hier gleichsam als "Gegenwelt" zur sozialwissenschaftlichen Perspektive angesprochene naturwissenschaftliche Redeweise letztlich ja auch nicht mehr sein kann als eine *spezifische soziokulturelle Deutung von Welt* - nämlich jene, die von den Naturwissenschaften als einem Bestandteil unseres Kultursystems entwickelt wurde. Wenn man einen bestimmten Ausschnitt der Realität - was immer das sein mag - durch eine chemische Formel beschreibt, einen (umgangssprachlich-alltagsweltlichen) "Wald" oder eine "Wiese" mit dem zutreffenden pflanzensoziologischen Terminus naturwissenschaftlich benennt, dann handelt es sich doch ebenfalls um "semantical settings", die ein (kultur-) spezifisches ontologisches Deutungsmodell von "Wirklichkeit" implizieren. Und damit stellt sich natürlich die Frage, ob mit einer noch so genauen Ermittlung der chemischen Bestandteile einer Substanz (und der Angabe ihrer Strukturformeln) tatsächlich auch schon deren "physische Wirklichkeit" erfaßt ist. Besteht dieses Ding wirklich aus SiO_2-Molekülen, oder müßte man nicht auf die Ebene der Elektronen und Protonen oder gar auf die Ebene jener subatomaren Gebilde von unvorstellbar kurzer Lebensdauer (wie die

Quarks) verweisen, von denen in der feldtheoretischen Physik die Rede ist? Auch hier handelt es sich um (naturwissenschaftliche) *Deutungsmuster* von Wirklichkeit, geht es genaugenommen um semantische Systeme.

Ein wesentlicher Aspekt von G. Hards Argumentation bleibt dabei völlig unbestritten. Natürlich trifft zu, daß es sich bei der Beziehung des Menschen mit seiner sozialen wie seiner physischen Umwelt vor allem um symbolische Interaktionen handelt. Entscheidend ist der subjektive, soziale oder kulturelle Sinn, der einem physischen Gegenstand zugeschrieben wird. Sogar der Fetischismus als extremste und pathologische Form der Person-Ding-Beziehung wird in der Psychiatrie als symbolische Interaktion beschrieben, bei der es gar nicht um physische Objekte als solche, sondern deren symbolische Hintergründe und Aufladungen geht: Vordergründig wird der Fetisch nicht als bloßes Material, sondern als Surrogat für den Partner begehrt, dahinter steht zusätzlich der Versuch, die verlorengegangene Einheit mit der Mutter wiederherzustellen (vergl. E. Schorsch 1986). Genau dieser Aspekt der symbolischen Interaktion wurde im vorliegenden Text ja auch mit Nachdrücklichkeit betont.

Im Gegensatz zu G. Hard ist der Autor nun allerdings nicht der Auffassung, daß damit für jede sozialwissenschaftliche Interpretation der Welt die Befassung mit physisch-materiellen Dingen (und deren raum-zeitlicher Anordnung) gleichsam automatisch und mit Notwendigkeit zu einem völlig unsinnigen und unnötigen Unterfangen werden muß. Das hängt vor allem damit zusammen, daß der Mensch eben kein ausschließlich geistiges, quasi ätherisches oder "meta-physisches" Wesen ist, dessen Lebenswirklichkeit sich auf abstrakte Zeichenprozesse und semantische Systeme bzw. die Sphäre des Immateriellen beschränkt. Er ist gleichzeitig mit einer sehr realen Körperlichkeit geschlagen, durch die ihm ein Standort in Raum und Zeit und im Gefüge der materiellen Dinge zugewiesen wird. Und diese Leiblichkeit als Grundlage menschlicher Existenz sollte ebensowenig vernachlässigt werden wie die von G. Hard zurecht betonte Ebene der Sinnzusammenhänge und symbolischen Bezüge.

Materielle Dinge haben neben ihrer Zeichen- und Symbolfunktion für den Menschen natürlich auch noch andere handfestere und auf die Körperlichkeit bezogene Funktionen. Sie sind nicht nur "Zeichen, die auf etwas anderes hinweisen", "für etwas anderes stehen", sondern sie erfüllen eine Werkzeug- und Nutzungsfunktion für die Verfolgung verschiedenster Handlungsziele. Ihr Zuhandensein oder ihr Fehlen in einem spezifischen zeit-räumlichen Setting ist ein wesentlicher Bestimmungsfaktor für die Möglichkeit der Realisierung spezifischer Intentionen. Unter den verschiedenen Zeichenaspekten von Dingen dominiert oft jene, die nicht auf etwas anderes, sondern auf das betreffende Ding selbst und seine ihm (kulturspezifisch oder individuell) zugeschriebene Funktionalität verweist. Menschliches Handeln bezieht sich nicht nur auf immaterielle soziale Sinnhorizonte, sondern in sehr entscheidendem Maße auf die physisch-materielle Welt und äußert sich konkret als ein praktisches Vermögen, Veränderungen in dieser dinglichen "objektiven" Welt zu bewirken. Im Kontext einer realen Konfrontation wird man das materiell-physische Wirkungspotential einer in Anschlag befindlichen Maschinenpistole allemal für relevanter halten als deren - unbestreitbaren - Zeichencharakter.

Ein Sitzmöbel etwa kann auf verschiedenen Ebenen Zeichenfunktion besitzen. Es kann auf den sozialen Rang oder die soziale Rolle des "Besitzers" (und damit auf etwas "anderes") hindeuten; es kann ein appellatives Zeichen mit der Botschaft "Nimm Platz!" sein und damit auf sich selbst bzw. seinen kulturspezifischen Nutzungszweck Bezug nehmen. Aber selbstverständlich kann dieses "Ding" in einem bestimmten Kontext beispielsweise auch als Wurfgeschoß oder Schlaginstrument zur Zertrümmerung einer Fensterscheibe verwendet werden - vorausgesetzt, der Akteur verfügt über die notwendige physische Kraft.

Ein materielles Ding wie ein Messer muß in einem bestimmten kulturellen bzw. kommunikativen Kontext selbstverständlich als Element eines semantischen Systems angesehen werden. Es kann als Kultgegenstand ein Symbol für metaphysische Bezüge darstellen, kann Signum für den sozialen Rang des Besitzers, Zeichen für seine Gruppenzugehörigkeit oder seine soziale Rolle sein. Es kann Aufforderungscharakter für bestimmte Handlungen besitzen, auf Tabus oder Normen verweisen etc. Gleichzeitig handelt es sich bei diesem "Ding" aber nicht nur um einen Bedeutungsträger, sondern um eine physische Makrostruktur, mit deren Hilfe es möglich ist, *in der physischen Welt Veränderungen herbeizuführen, Wirkungen zu verursachen, die ohne dieses Ding nicht zu realisieren wären*: Man kann damit einen anderen Gegenstand schneiden oder zertrennen bzw. - falls es lang und scharf genug ist - ein Tier oder einen Menschen töten. Auch eine solche Handlung läßt sich im speziellen Falle noch als Semiose oder Kommunikationsakt begreifen - wenn es sich um einen Bestandteil eines kultischen Sinnzusammenhanges (etwa eine Opferung) handelt. In der Regel wird ein Messer unabhängig vom kulturellen Kontext aber schlicht und einfach als Werkzeug zum Schneiden von anderen Gegenständen verwendet, wann immer dies funktional erforderlich ist. Dabei spielt es keine wesentliche Rolle, ob dieses "materielle Ding" nun aus gehärtetem Stahl, Bronce, Feuerstein oder Hartholz besteht. Sein naturwissenschaftlich definierbarer "ontologischer Status" (den man beispielsweise mit der Angabe seiner chemischen Zusammensetzung umschreiben kann) ist also nicht bedeutsam. Entscheidend ist allein die physische Makrostruktur, die durch die äußere Form, die Festigkeit und die Schärfe umschrieben werden kann. Und man kann diesem Ding auch einen hohen subjektiven Wert zuweisen, es "mögen" oder "stolz darauf sein" - weil es so gut schneidet, weil man es selbst geschärft hat, weil es das erste Messer ist, das man besitzt, weil man es vom Großvater geschenkt bekommen hat etc. Dies kann letztlich soweit führen, daß dieses Ding sogar zum Bestandteil der Ich-Identität des Besitzers wird (vergl. oben, Abschnitt 2 und M. Csikszentmihalyi und E. Rochberg-Halton 1981).

An diesem einfachen Beispiel werden verschiedenste Dimensionen des Zeichen- und Sinnbezugs physisch-materieller Dinge erkennbar. Für all diese Bezüge ist in der Regel aber entscheidend, daß dieses Ding in seiner spezifischen raum-zeitlichen Position tatsächlich existiert. Und diese physische Existenz läßt sich nicht aus dem Zeichencharakter ableiten, diese ist vielmehr eine *Voraussetzung* für jede Sinnzuschreibung.

Allein die Tatsache, daß materielle Dinge *Träger* oder Objekte von Bedeutungs- und Sinnzuschreibungen darstellen, bietet eine hinreichende Begründung für die Notwendigkeit, sie auch im Rahmen einer sozial- und kulturwissenschaftlichen Perspektive angemessen zu berücksichtigen. Zu untersuchen wären physisch-materielle Dinge dabei zumindest insoweit, als sie zu den *Bedingungen* derartiger Sinnbezüge gerechnet werden müssen[40].

Das Problem besteht also nicht darin, daß Geographen (in ihrer fachspezifischen Kurzsichtigkeit und Ignoranz) auf unangemessene Weise Sinnbezüge und Zeichenprozesse inadäquat kodieren (nämlich auf der Ebene physisch-materieller Dinge), sondern darin, daß die (sozialwissenschaftlich zu untersuchenden) menschlichen Akteure *selbst* in den Handlungsvollzügen ihrer Existenz derartige Projektionen durchführen und sich viele der für sie relevanten Sinn- oder Bedeutungszuschreibungen auf materielle Dinge beziehen. Bestandteile der physisch-materiellen Welt sind also nicht nur Zeichen für immaterielle Sinnbezüge, sondern sie können gleichzeitig auch Bezugsobjekte von Sinnzuschreibungen darstellen. Und genau dann erscheint es auch sinnvoll und notwendig, sie in einer sozialwissenschaftlichen Perspektive ausdrücklich zu thematisieren. Daraus ergibt sich im Gegensatz zur Auffassung G. Hards und anderer Autoren (vergl. z.B. B. Werlen 1987 und 1989), daß auch immaterielle soziale Normen und kulturelle Werte "erdräumlich eindeutig lokalisiert werden können" - allerdings nur auf indirekte Weise, nämlich auf dem Weg über ihre projektive Beziehung zu materiellen Referenzobjekten. Ein derartiges Unterfangen wird also immer dann erlaubt und sinnvoll sein, wenn es darum geht, jene oben angesprochenen Projektionen von Werten und Normen auf die Ebene

---

40) In diesem Verständnis ist wohl auch B. Werlens Programmentwurf zu sehen, sich bei der Befassung mit unserem Thema auf die Klärung der *regionalen Bedingungen* kultureller Identität zu konzentrieren (1989, S. 2).

materieller Bezugsobjekte zu rekonstruieren, die von menschlichen Akteuren im Rahmen von Zeichenprozessen und Handlungssequenzen vorgenommen werden[41]. Es wird allerdings nicht behauptet, daß mit einem derartigen Rekonstruktionsversuch eine *ausreichende* Erfassung der relevanten Systemzusammenhänge gewährleistet ist.

7.2 "Was nützt es dem Geographen?"

Mehrere "Reviewer" des vorliegenden Textes (H.-P. Frey, G. Heinritz und M. Lalli) haben übereinstimmend darauf hingewiesen, daß sie das Fehlen konkreter disziplinpolitischer Schlußfolgerungen und Forderungen als gravierenden Mangel ansehen. Es käme weder zum Ausdruck, "was denn das spezifisch geographische" an der Arbeit sei, noch werde deutlich, was die Geographie in der Bearbeitung des Themas leisten könne oder leisten solle (M. Lalli, briefl. v. 5.3.1990). Es werde nicht klar, ob der Beitrag eher in eine fachinterne Diskussion eingreifen will oder ob die Absicht in einer interdisziplinären Theorieentwicklung liegt. Vor allem aber bliebe die forschungspraktische Relevanz der angestellten theoretischen Überlegungen unklar. Zur Behebung dieses Mangels wird übereinstimmend gewünscht, den Text durch eine Art "Skizze eines Forschungsprogrammes" zu ergänzen bzw. zukünftige Entwicklungslinien für die geographische und/oder interdisziplinäre Forschung und Theorieentwicklung aufzuzeigen. Dies sei auch in Hinblick auf die interdisziplinäre Arbeitsteilung notwendig. Besonders pointiert formulierte es G. Heinritz (mündliche Mitteilung), der meinte, der Text leide am Mangel an konkreten empirischen Beispielen oder zumindest programmatischen Projektentwürfen, die zeigen könnten, wozu die theoretischen Überlegungen denn eigentlich gut seien. Mit anderen Worten: "Was nützt es dem Geographen?" und "Wozu muß ein Geograph das wissen?"

Mit diesen Kritikpunkten ist ohne Zweifel ein wesentliches Defizit der hier angestellten Überlegungen markiert, die Vorwürfe sind sicher gerechtfertigt. Dieser Kritik soll nun auch nicht dadurch begegnet werden, daß im folgenden Vorschläge für konkrete einschlägige Forschungsprogramme nachgeliefert werden. Natürlich ist der Autor subjektiv davon überzeugt, daß das Thema "raumbezogene Identität" ein für das Fach Geographie relevantes Forschungsproblem darstellt. Die inhaltliche Begründung dieser Auffassung

---

41) Eine weitere durchaus "vernünftige" erdräumliche Lokalisierung immaterieller sozialer Werte ist auch möglich und erforderlich, wenn es darum geht, die raum-zeitlichen *Gültigkeitsbereiche* von Normen darzustellen.

sollte aus dem Argumentationszusammenhang des vorliegenden Textes hinreichend klar geworden sein. Pragmatisch gesehen, besteht auch nicht der geringste Zweifel daran, daß das Thema mit zentralen traditionellen Fragestellungen der Siedlungs-, Kultur- und Sozialgeographie derart verknüpft ist, daß sich aus dieser Sicht ein angemessenes fachliches Interesse eigentlich mit Notwendigkeit ergeben sollte. Entscheidend ist hier aber wohl die umgekehrte Fragerichtung: Inwieweit wird die Geographie imstande sein, im Konzert der beteiligten Disziplinen eine eigenständige Stimme zu erheben, autochthone Theorieentwicklung und Theorieexport zu leisten? Vorschläge für konkrete Forschungsprogramme müßten sich vor allem auf diese Frage beziehen.

Der vorliegende Text ist von der Intention her auch nicht als programmatischer disziplinpolitischer Vorschlag zu verstehen, er kann vielmehr als *Reaktion auf eine bereits getroffene disziplinpolitische Entscheidung* und deren Niederschlag in Fachpublikationen gesehen werden. Die erwähnten innerfachlichen Aktivitäten zum Thema "raumbezogene Identität" (vergl. Abschnitt 1, Fußnote 1) verdeutlichen, daß zumindest eine größere Gruppe von Geographen bereits von der Sinnhaftigkeit einer Thematisierung überzeugt ist. Die eigentliche "Botschaft" des vorliegenden Textes besteht dementsprechend vor allem darin, einschlägig arbeitende Geographen auf die Notwendigkeit aufmerksam zu machen, die bereits geleisteten Vorarbeiten in den Nachbardisziplinen und somit den interdisziplinär markierten "Stand der Forschung" zur Kenntnis zu nehmen und angemessen zu berücksichtigen.

Im übrigen muß der Autor auch ganz offen eingestehen, daß seine eigene Motivation und Interessenlage vor allem an den Sachfragen des Themas orientiert ist. Probleme der fachlichen Arbeitsteilung, der disziplinspezifischen "Zuständigkeit" oder Kompetenz haben für ihn und aus seiner subjektiven Sicht keine besonders hohe Priorität.

Über die Frage, "was ein Geograph wissen müsse", läßt sich inhaltlich gewiß trefflich streiten. Abstrakt formuliert, kann man aber wohl behaupten, daß immer dann, wenn Geographen als Konsequenz einer disziplinpolitischen Entscheidung spezifische Erkenntnisinteressen verfolgen, bestimmte Problemstellungen als Gegenstand fachspezifischer Forschung thematisieren, sie damit notwendigerweise auch die empirischen, konzeptionellen und theoretischen Grundlagen einschlägiger nachbarwissenschaftlicher Forschungen berücksichtigen müssen. Dies wird etwa in der physischen Geographie auch völlig problemlos und selbstverständlich akzeptiert. Jedem Vegetationsgeographen ist klar, daß er sich mit pflanzensoziologischen Konzepten und Methoden auseinandersetzen muß, jeder ernstzunehmende Glazialmorphologe wird sich zumindest mit den Grundbegriffen der Glaziologie beschäftigen. Wer Reliefgenerationen und Altflächensysteme erforschen will, kommt nicht umhin, unter anderem die stratigraphische Feingliederung des Tertiärs aus der Geologie zu übernehmen - und niemand käme in diesen Fällen auch nur auf die Idee, Grenzverletzungen gegenüber den betreffenden Nachbarwissenschaften zu befürchten oder die Frage zu stellen, ob dies denn "noch Geographie sei". Die Motivation und sachliche Notwendigkeit einer solchen Berücksichtigung nachbarwissenschaftlicher Erkenntnisse und ihre kombinierte Anwendung in spezifischen regionalen Kontexten wird hier ohne eigenen Begründungsaufwand akzeptiert und ergibt sich aus der Einsicht, daß eine kompetente und professionelle Bearbeitung des Erkenntnisinteresses eben nur auf diese Weise möglich ist. Im Bereich der Humangeographie scheinen die Animositäten gegenüber fachlichen Grenzüberschreitungen wesentlich ausgeprägter zu sein.

Vielleicht sollte man sich doch wieder darauf besinnen, daß das Fragwürdigste an den Wissenschaften die Grenzen zwischen ihnen sind.

7.3. Auf dem Weg zu einer transaktionistischen Weltsicht?

Einige der im Hauptteil dieses Textes erörterten zentralen Thesen und Überlegungen sind mit einer Reihe von gängigen Vorstellungen traditioneller sozialwissenschaftlicher Ansätze nicht kompatibel. So lassen sich manche der referierten Theoreme zur Identitätsentwicklung wie etwa das Konzept eines Aufbrechens der Subjekt-Objekt-Dichotomie kaum mit den Kausalitätsmodellen der neopositivistisch orientierten Mainstream-Psychologie in Übereinstimmung bringen, bei der zwischen analytisch sauber zu trennenden abhängigen (z.B. Personenattribute) und unabhängigen Variablen (z.B. Umweltattribute) unterschieden wird. Ähnliche Diskrepanzen ergeben sich gegenüber verschiedenen Systemansätzen in der Soziologie, bei denen die Zusammenhänge zwischen der sozialen Systemebene und den personalen oder mentalen Systemen der individuellen Mitglieder übergeordneter sozialer Einheiten nicht ausdrücklich thematisiert sind. Die hier referierten und miteinander in Beziehung gebrachten theoretischen Versatzstücke beziehen sich dagegen direkt oder indirekt auf eine neuere konzeptionell-theoretische Entwicklung in den Sozialwissenschaften, die vor allem in der Umweltpsychologie markantere Konturen aufweist und in diesem Fach bereits den Rang eines eigenständigen Paradigmas einnimmt. Es handelt sich um jene "Weltperspektive" oder "Kosmologie", die unter der Bezeichnung "Transaktionismus" seit Mitte der 70er und zunehmend seit Anfang der 80er Jahre auch auf metatheoretischer Ebene diskutiert wird.

Die Ausdifferenzierung der transaktionistischen Perspektive in der Psychologie steht in Zusammenhang mit der "kontextuellen Revolution" (D. Stokols 1987, S. 42) in diesem Fach, die sich vor allem in einer ausdrücklichen Einbeziehung der räumlichen, zeitlichen und soziokulturellen Milieus äußert, in deren Rahmen psychische Prozesse stattfinden. Eine gewisse Parallelität zu einer derartigen "Ökologisierung" der Forschung kann ja auch in den strukturationstheoretischen Ansätzen der neueren Soziologie beobachtet werden (A. Giddens 1984; vergl. z.B. auch D. Gregory und J. Urry, Hrsg. 1985).

Ohne ausführlicher auf die Grundannahmen und gleichsam "kosmologischen" Axiome des Transaktionismus eingehen zu wollen[42], sei an dieser Stelle nur auf eine für unser Thema besonders wichtige Ausgangsposition dieser Perspektive verwiesen. Als Basiseinheit der Weltbetrachtung werden im Transaktionismus komplexe und analytisch nicht weiter auflösbare Ganzheiten postuliert, die aus Person *und* Umwelt bestehen und sich in konkreten empirischen Untersuchungen als prozessuale *Ereignisstrukturen* darstellen lassen. Die Grundkategorie des historischen Ereignisses wird als raum-zeitliches Zusammenwirken von Personen, Settings und Handlungen aufgefaßt. In einem Ereignis sind nicht die Einzelakteure von Bedeutung, sondern deren relationale Zusammenhänge mit den Handlungen der anderen kopräsenten Personen sowie mit den situativen Gegebenheiten des raum-zeitlichen Kontextes. Es wird also davon ausgegangen, daß sich die Einzelaspekte eines Ereignisses wechselseitig definieren und daß durch diesen relationalen Zusammenhang übergeordnete Ganzheiten konstituiert würden. Dabei wird ausdrücklich nicht von System*elementen* gesprochen, die als unabhängige und für sich faßbare Einheiten oder Entitäten zu begreifen wären, sondern von *Aspekten* der Ganzheiten, die nur durch den Rückbezug auf alle anderen Systemcharakteristika definierbar oder beschreibbar sind. In dieser Sicht stehen die Aspekte von Ganzheiten in einem unauflösbaren Zusammenhang. Sie sind in ihrer jeweiligen Ausprägungsform wechselweise voneinander derart abhängig, daß sie als Einzelelemente gar nicht existieren könnten.

Mit dem Transaktionismus wird jene radikale "kopernikanische Wende" vollzogen, die A. Lang (1988, vergl. auch A. Lang in Druck 1991) mit Nachdruck für die Psychologie gefordert hat und deren wichtigstes Element die *Dezentrierung* des Forschungsinteresses vom Individuum auf Mensch-Umwelt-Einheiten darstellt. Ansätze der Realisierung eines solchen Programms lassen sich etwa in J.J. Gibsons (1979) Perzeptionstheorie, R.G. Barkers (1968) "Ökologischer Psychologie" (vergl. dazu P. Schoggen 1989 und U.

---

42) Eine zusammenfassende Übersichtsdarstellung, in der die transaktionistische Weltsicht im Vergleich mit anderen Kosmologien der Psychologie ausführlicher erörtert wird, findet sich bei I. Altman und B. Rogoff 1987 (vergl. dazu auch S. Wapner 1981, F. Van Staden 1984 oder P. Weichhart in Druck 1991).

Fuhrer 1990 sowie die anderen Beiträge dieses Heftes) oder der "Symbolischen Handlungstheorie" von E.E. Boesch (in Druck 1990) erkennen. Der Transaktionismus akzeptiert damit nicht nur ein zentrales Schlüsselkonzept der Strukturationstheorie, nämlich die Annahme einer Dualität der Struktur, mit der die unauflösbare wechselseitige Bedingtheit und Verschränktheit von personalen und sozialen System umschrieben wird. Er führt zusätzlich noch eine weitere Dualität ein, durch die das wechselseitige Bedingungsverhältnis zwischen Person und physisch-materieller Umwelt als dialektisches Gefüge dargestellt wird.

Vor dem Hintergrund einer derartigen Weltperspektive fügen sich die im Hauptteil des vorliegenden Textes angestellten Überlegungen vermutlich zu einer wesentlich kohärenteren Struktur zusammen als aus der Sicht einer (für die gegenwärtigen Sozialwissenschaften typischeren) eher *inter*aktionistisch orientierten Auffassung, die um analytische Differenzierung bemüht ist und mechanistische oder bestenfalls teleologische Kausalitätsmodelle bevorzugt. In diesem Zusammenhang ist auch der Versuch zu sehen, integrative und holistische Konzepte grundsätzlich gegenüber stärker analytisch orientierten Ansätzen zu betonen. Diese auch in neueren humanökologischen Bemühungen erkennbare Attitüde (vergl. z.B. D. Steiner, C. Jaeger und M. Nauser, Hrsg., in Druck 1991) dürfte auch für die Geographie erhebliche Innovationspotentiale und konzeptionelle Entwicklungsimpulse darbieten. Dies setzt allerdings voraus, daß man bereit ist, gewohnte Denkmuster aufzubrechen.

Dennoch darf natürlich nicht übersehen werden, daß eine derartige Orientierung an integrativen Konzepten auch eine Reihe von Problemen in sich birgt. So hat etwa M. Lalli zurecht Bedenken gegenüber einer allzu extensiven Befrachtung des Identitätsbegriffes geäußert. Er betont, daß die hier vertretene relativ umfassende Begriffsverwendung zwar keineswegs unangemessen sei, da auch einige Psychologen derart weitgefaßte Identitätskonzepte benutzen. Er befürchtet aber, daß eine allzu komplexe Definition den Erklärungswert und auch den forschungspraktischen Nutzen des Identitätsbegriffs mindern könnte (briefliche Mitteilung v. 5.3.1990).

Eine letzte Bemerkung sei noch zum Thema der raumbezogenen Kognition angefügt. In Zusammenhang mit neueren - vor allem handlungstheoretisch orientierten - konzeptionellen Überlegungen in der Humangeographie findet seit einigen Jahren eine massive Abrechnung mit den verschiedenen Ansätzen des "behavioral approach" bzw. der "verhaltenswissenschaftlichen Geographie" (Perzeptionsforschung, Wahrnehmungsgeographie) statt (vergl. z.B. E. Wirth 1981 oder B. Werlen 1987). Dabei wird vor allem herausgestellt, daß die Grundhypothese dieser Ansätze, nämlich die Behauptung einer *Steuerung* menschlichen Tuns durch Wahrnehmung und kognitive Muster, schlichtweg unhaltbar ist. Es ist daher nicht möglich, derartige Konzeptionen für übergreifende Erklärungsmodelle menschlichen Agierens im Raum heranzuziehen.

Es sollte aber darauf geachtet werden, daß mit dieser völlig gerechtfertigten Ablehnung nun nicht gleichzeitig auch die innerhalb dieser Forschungstradition erarbeiteten Detailergebnisse disqualifiziert werden, die sich auf die kognitive Repräsentation von Umwelt in subjektiven und gruppenspezifischen Denkstrukturen beziehen. Als Bestandteile der *Situationsdefinition* bleiben derartige Erkenntnisse ja auch für handlungstheoretische Ansätze bedeutsam. Für das Thema "raumbezogene Identität" erscheint eine weitergehende intensive Befassung mit diesen Fragen vor allem in Zusammenhang mit der Untersuchung von Prozessen der Identifikation I erforderlich.

8. ZUSAMMENFASSUNG

Mit den vorliegenden Überlegungen wurde der Versuch unternommen, einen zusammenfassenden und einigermaßen systematischen Bericht über den Stand der Diskussion zum Thema "raumbezogene Identität" zu erarbeiten. Ausgangspunkt war die innerfachliche Kontroverse zwischen den Befürwortern einer "geographischen Regionalbewußtseinsforschung" und den Vertretern einer grundsätzlichen Kritik an derartigen Ansätzen. Dabei zeigte sich eine eigenartige Verkürzung und fachspezifische Sonderinterpretation bei der Problemansprache. Sowohl die Proponenten der Arbeitsrichtung als auch ihre Kritiker stimmen - wenngleich mit unterschiedlicher Begründung - darin überein, daß dieses Thema auf der *Systemebene* bearbeitet werden sollte. Die Kritiker begründen dies damit, daß die zur Diskussion stehenden Phänomene Bestandteile der *sozialen Welt* seien, für die weder die psychische noch die physisch-physikalische Welt von Relevanz ist, und daß es vor allem darum gehe, die gesellschaftliche Produktion, Distribution und Reproduktion der dahinterstehenden Raumabstraktionen zu erfassen (G. Hard 1987 a, S. 145). Die Begründung der anderen Seite ist überwiegend pragmatisch und forschungspraktisch orientiert. Man geht davon aus, daß die Systemebene eine besonders günstige Versuchsanordnung darstellt und einer Bearbeitung besser zugänglich sei. Daraus ergibt sich auch die ausdrückliche Thematisierung der regionalen Maßstabsebene[43]. Außerdem wird die Kompetenz der Geographie für eine Analyse personaler Systeme bezweifelt. Hinter dieser Begründung steht zusätzlich noch das Interesse an einer "Verwertung" der Forschungsergebnisse im Rahmen der Landeskunde.

Beide Argumentationslinien sind durchaus bedenkenswert. G. Hard und anderen Kritikern muß ohne jede Einschränkung zugestanden werden, daß der Themenbereich "Identitätsmanagement", also die politisch-administrative "Produktion von Regionalbewußtsein", und dessen ideologischer Einsatz als Instrument der Manipulation und Fremdsteuerung von höchster Relevanz ist und daß das von ihm oder H. Klüter (1986) diskutierte methodisch-konzeptionelle Instrumentarium für die Behandlung derartiger Fragen gut geeignet erscheint. Es muß aber entschieden bezweifelt werden, daß mit diesem Thematisierungsstil der Gesamtbereich des Problemkreises "raumbezogene Identität" auch nur annähernd abgedeckt werden kann. Auch die Fokussierung auf die Ebene der Region und auf den Aspekt der Systemfunktionalität ist als forschungspolitische Entscheidung zu akzeptieren, in der eine spezifische Interessenkonstellation zum Ausdruck kommt. Es darf aber nicht übersehen

---

43) Anklänge einer ähnlichen Argumentation finden sich übrigens auch bei H. Walter (1981, S. 3), der Zusammenhänge zwischen Regionalstrukturen und Sozialisation untersucht.

werden, daß mit dieser Vorentscheidung die Gefahr einer thematischen Blickverengung akut wird, die dazu führen kann bzw. bereits dazu geführt hat, daß wesentliche Explananda der raumbezogenen Identität vernachlässigt werden[44].

Entschieden widersprochen wurde der Auffassung der Kritiker, daß der physisch-materielle Raum für soziale Systeme und damit auch für unseren Untersuchungsgegenstand grundsätzlich bedeutungslos sei. Anhand einer Reihe von Belegen wurde dargestellt, daß die Thematisierung physisch-räumlicher Aspekte in Zusammenhang mit *sozial*wissenschaftlichen Problemstellungen keineswegs ein Spezifikum der Geographie ist, sondern auch in anderen Disziplinen ernsthaft diskutiert wird. Interpretiert man die empirisch belegten Sachargumente dieser Diskussion, dann muß klar werden, daß die *physisch-räumliche Kodierung sozialer Sachverhalte* ein Phänomen der lebensweltlichen Realität sozialer Systeme darstellt und keineswegs (ausschließlich) als "Betriebsblindheit" der Geographen abgetan werden kann.

Ebenfalls widersprochen wurde der Behauptung, daß die gegenwärtige gesellschaftliche Entwicklung zu einer völligen Auflösung und Bedeutungslosigkeit territorialer Bindungen des Menschen geführt hätte. Demgegenüber wurden unter Hinweis auf Befunde der Soziologie einige Argumente zusammengestellt, welche die These plausibel erscheinen lassen, daß die Identifikationspotentiale territorialer Bindungen gegenwärtig *neu belebt* werden. Die "postmoderne" Renaissance der Diskussion um den Begriff "Heimat" ist für diese Entwicklung nur ein Indiz neben anderen. Die möglichen Gefahren eines (neuerlichen) ideologischen Mißbrauchs dieses Begriffs und bedenkliche Trends eines restaurativ-eskapistischen Konservativismus werden dabei nicht geleugnet.

Ausgangspunkt der inhaltlichen Erörterungen zu den Ausprägungsformen raumbezogener Identität war die Darstellung einiger Basiskonzepte der sozialpsychologischen Identitätsforschung. Als theoretische Grundlage für die weiteren Überlegungen wurde die von C.F. Graumann (1983) in Anlehnung an den symbolischen Interaktionalismus vorgenommene Differenzierung von drei grundlegenden Prozessen der Identifikation herangezogen. Die Prozesse der Identifikation I bis III ("identification of", "being identified" und "identification with") führen in ihrem Zusammenwirken zu jenen "multiplen Identitäten", die für die personale und soziale Existenz des Menschen charakteristisch sind.

---

[44] Bedenklich werden forschungspolitische Entscheidungen der geschilderten Art wohl nur dann, wenn pragmatische oder aus bestimmten Interessenlagen motivierte Forderungen zu einem Erkenntnisprinzip mit vorgeblich allgemeinverbindlicher normativer Ausschließlichkeit hochstilisiert werden, durch die alternative Ansätze behindert werden können.

Unter Verweis auf die Identitätstheorie kann gezeigt werden, daß diese drei Prozesse sich unter anderem *auch auf Dinge und Aspekte des physisch-materiellen Raumes beziehen*. Es können vier miteinander zusammenhängende, aber aus analytischen Gründen klar zu differenzierende Ausprägungsformen räumlicher Identität unterschieden werden: Die ersten beiden Formen verweisen auf die kognitiv-emotionale Repräsentation der Umwelt in Bewußtseinsprozessen von Individuen und im kollektiven Urteil von Gruppen. Unter raumbezogener Identität ist demnach 1. die subjektiv und 2. die kollektiv wahrgenommene Identität eines bestimmten Raumausschnittes zu verstehen. Die beiden weiteren Dimensionen sind Bestandteil der personalen und sozialen Identität des Menschen. Raumbezogene Identität repräsentiert also 3. jene räumlichen Ausschnitte der Umwelt, die ein Individuum in sein Selbstkonzept einbezieht. Und schließlich verweist der Begriff 4. auf die Identität einer Gruppe, die einen bestimmten Raumausschnitt als Teilelement der ideologischen Repräsentation des "Wir-Konzepts" oder aber als Definitionskriterium für die Bestimmung von Fremdgruppen-Identitäten ("Sie-Konzept") heranzieht.

Der Hauptteil der Arbeit befaßt sich mit konkreten Erscheinungsformen und Funktionen raumbezogener Identität. Im Gegensatz zur bisherigen Vorgangsweise in der Geographie werden ausdrücklich auch die Wirkungszusammenhänge für den Bereich der *personalen Existenz* des Menschen thematisiert. Ein erster Schwerpunkt der Diskussion ist also die Frage nach der Bedeutung räumlicher Identität für menschliche Individuen. Unter bezug auf die Theorie selbstreferentieller Systeme und die Bedürfnistheorie wird zu zeigen versucht, daß der Nutzen räumlicher Identität in ihrem Beitrag zur Entwicklung und Aufrechterhaltung der personalen Einheit menschlicher Individuen besteht. Dabei lassen sich vier Hauptgruppen funktionaler Wirkungen unterscheiden (Sicherheit, Aktivität/Stimulation, soziale Interaktion/Symbolik und Identifikation/Individuation), die in ihrem wechselseitigen Zusammenhang an der Selbsterhaltung des Systems bzw. an der Entwicklung der Ich-Identität des Menschen mitwirken. Zur Absicherung und Begründung der besprochenen Zusammenhänge werden Theorien und Befunde aus der Kognitions- und Umweltpsychologie, der Soziologie, der Psychiatrie und der Depressionsforschung herangezogen.

Auch auf der Ebene sozialer Systeme kann der Sinn raumbezogener Identität als funktionale Leistung dargestellt werden, die der Systemerhaltung und der Einbindung der Einzelelemente in den übergeordneten Gesamtzusammenhang des Systems dient. Einige der angesprochenen Wirkungsbereiche lassen sich rollentheoretisch interpretieren. Insgesamt liegt der systemfunktionale Nutzen räumlicher Identität in einem Beitrag zur Integration, Stabilisierung und Aufrechterhaltung der zeitlichen Konstanz von Sozialsystemen.

Für die Systemebene können drei Hauptgruppen funktionaler Leistungen unterschieden werden, die als soziale Komplemente zu den Funktionen auf der personalen Ebene anzusehen sind. Räumliche Identität stellt erstens einen Verweis- oder Orientierungshintergrund für Kommunikation und soziale Interaktion dar. Durch diese Kontextualisierung, der Ausbildung eines gemeinsamen Erfahrungshintergrundes für die Teilnahme am sozialen Leben, leistet räumliche Identität einen Beitrag zur Verhaltens- und Interaktionssicherheit sowie zur Realisierung wechselseitiger Erwartungshaltungen der am sozialen Prozeß beteiligten Akteure. Gleichzeitig wird dadurch auch soziale Stimulation bewirkt. Zweitens dient räumliche Identität der Kommunikation und Präsentation personaler und sozialer Identität. Die dritte und wichtigste Leistung räumlicher Identität auf der Systemebene liegt in ihrer sozialen Kohäsions- und Integrationswirkung. Soziale Phänomene können sich im Kontext der Alltagserfahrung für die Mitglieder sozialer Einheiten auf dem Weg über physisch-räumliche Projektionen als sozial-*räumliche* Gegebenheiten darstellen. Dadurch werden im Vollzug räumlicher Identität spezifische Ausprägungsformen sozialer Systeme konstituiert, denen sich die Mitglieder verbunden fühlen und für die Gruppenkohäsion und Gruppenloyalität nachgewiesen werden können.

Aus den Ergebnissen der Netzwerk- und Interaktionsforschung kann abgeleitet werden, daß es sich dabei in der Regel *nicht* um Primärgruppen mit einer Binnenorientierung realer Interaktionen und Ego-zentrierter Sozialkontakte handelt, sondern um *symbolische Gruppierungen oder symbolische Gemeinschaften* auf der Basis räumlicher Lebenszusammenhänge. Für diese sozialen Systemeinheiten sind unverbindlich-zeremonielle Beziehungen von meist geringer emotionaler Tiefe charakteristisch. Sie werden von den Mitgliedern als räumlich abgrenzbare Gemeinschaften wahrgenommen, zu denen eine symbolische Gruppenbindung besteht, die sich als Gruppenloyalität äußert. Die Teilhabe an diesen symbolischen Gruppierungen bedeutet für die Mitglieder auch die Zuschreibung spezifischer sozialer Rollen. Die durch räumliche Identität entstehende Gruppenkohäsion vermittelt einerseits das Gefühl emotionaler Geborgenheit durch die wahrgenommene Zugehörigkeit zu einem größeren sozialen Ganzen, andererseits bleibt die Vereinnahmung des Einzelmitglieds wegen der überwiegend nur symbolischen Beziehungen auf einem sehr niedrigen Niveau.

Ein eigener Abschnitt befaßt sich mit Maßstabsfragen. Es wird angenommen, daß sowohl die kognitiven als auch die "Selbst-" und "Wir/Sie"-bezogenen Aspekte räumlicher Identität gleichermaßen auf ein Maßstabskontinuum vom Personal Space bis zum nationalen und übernationalen Bereich ausgerichtet sind und nach dem jeweils aktuellen Handlungs- und Situationskontext auf einzelne Maßstabsbereiche fokussiert werden. Aus der Perspektive des Individuums erweist sich allerdings die *lokale Ebene* als primäre Referenzgröße. Die auf dieser Ebene räumlicher Identität gewonnenen subjektiven Erfahrungen können durch Ähnlichkeitsgeneralisierungen auf Bezugsobjekte anderer Maßstabsebenen *übertragen* werden. Im letzten Kapitel werden einige methodologische und forschungspolitische Fragen diskutiert.

Der Autor ist sich darüber im klaren, daß der hier unternommene Versuch, verschiedenste und zum Teil nur schwer kompatible Theoriesysteme miteinander in Beziehung zu setzen, weit davon entfernt ist, eine auch nur einigermaßen konsistente und geschlossene theoretische Gesamtstruktur zu ergeben. Er hofft aber zuversichtlich, daß gerade die Wahrnehmung der nicht überbrückten Schnittstellen, Brüche und Diskontinuitäten zwischen den verwendeten "Theoriebausteinen" dazu beitragen wird, nicht nur kritischen Widerspruch zu wecken, sondern auch Problemfelder für zukünftige Forschungsprojekte zu identifizieren.

9. SUMMARY

In this paper the author has attempted to present a summary and a relatively systematic report on the state of research on the topic of space-related identity (place identity). The starting point is the controversy between the supporters of geographical research on "regional consciousness" and those essentially critical of such an approach. In formulating the problem, geography reveals a peculiar sort of reductionism and a subject-specific special interpretation. Both the proponents of such an approach and their opponents agree - even though using different arguments - that this topic should be considered on the level of social systems. The critics argue that the phenomena under discussion represent elements of the *social world* for which neither the psychic world nor the material world may be regarded as relevant and that the main interest of research should focus on comprehending the social production, distribution and reproduction of the spatial abstractions behind these phenomena (G. Hard 1987a, p. 145). The reasons given by the proponents of the approach rely essentially on pragmatic and practical arguments. They start out from the idea that the systems level represents a most suitable experimental setup and that it is more accessible than the individual level. This view results in an explicit emphasis of the regional scale of investigation[45]. Moreover, the competence of geography to analyse personal systems is questioned. Disguised behind this argument, we additionally discover an interest in the "utilization" of the research results with regard to regional geography.

Both patterns of argumentation deserve detailed consideration. Without reservation, we must grant G. Hard and other critics that the topic of "identity management" - that is the political-administrative "production of regional consciousness" - and its ideological employment as a means of manipulation and social control are of utmost significance. Furthermore, the methodological and conceptual apparatus proposed by G. Hard or by H. Klüter (1986) seems to be quite appropriate for the treatment of these questions. Yet it remains doubtful whether these arguments are sufficient to cover the comprehensive field of space-related identity even in a rather superficial way. The focus on the level of the region and on the aspect of the functionality of systems can also be seen as a pragmatic decision that reveals a specific constellation of research interests. We must bear in mind, however, that this preliminary decision involves the danger of a thematic narrowing of viewpoint, which may lead or rather has already led to a neglect of essential explananda of space-related identity[46].

---

[45] This line of argumentation is reminiscent of that employed by H. Walter (1981, p. 3), who investigates possible relations between regional structures and socialization.

[46] Such research political decisions become questionable only if demands of an entirely pragmatic nature or those motivated by certain research interests are propagated as an epis-

The author is very definitely opposed to the critics' opinion that, on principle, the physical-material space has no relevance for social systems and hence also for geographical research. A number of examples illustrate that the treatment of physical-spatial aspects of problems by no means represents a specific characteristic of geography, but is discussed seriously by other social sciences as well. If we consider the empirically evident arguments of this discussion, it becomes quite obvious that the physical-spatial codification of social circumstances represents a phenomenon of the life-world reality of social systems and cannot be exclusively dismissed as the "narrow-mindedness" of geographers.

Further contradiction is evoked by the assertion that the present social development has led to a total breakup and insignificance of human territoriality and place identity. In contrast, several arguments that were compiled using the results of sociological research make the thesis appear plausible that the identification potentials of territorial bonds are being revived. The "postmodern" renaissance of discussion connected with the term "Heimat" (home) provides just one indication among many for this development. The possible danger of a (renewed) ideological abuse of this term and some alarming trends of a restorative-escapistic conservationism, however, cannot be denied.

The discussion of the various forms of space-related identity begins with the description of several basic conceptions of socio-psychological research on identity. The theoretical framework for the subsequent comments depends on the differentation of three fundamental processes of identification which were proposed by C.F. Graumann (1983) in accordance with symbolic interactionalism. Due to their combination, the processes of identification I to III ("identification of", "being identified" and "identification with") lead to those "multiple identities" that are characteristic of the personal and social existence of human beings.

By referring to theories of identity, the author shows that these three processes (among others) *also apply to things and aspects of the physical-material space*. We may distinguish four characteristic forms of space-related identity that, though associated and interwoven with each other, are clearly differentiated for analytical reasons. The first two forms relate to the cognitive-emotional representation of the environment in mental processes of individuals and in the collective opinion of groups. Space-related identity must thus be interpreted as 1. the subjectively perceived identity of specific places and 2.

---

temological principle with an alleged, generally binding normative exclusiveness which may impede alternative approaches.

their collectively perceived identity. Both other dimensions are components of the personal and social identity of human beings. Hence, space-related identity represents 3. those spatial segments of environment that an individual includes in his/her self-concept. Finally, the term refers to the identity of a group that considers a certain segment of space as a partial element of the ideological representation of the "we-concept" or as a defining criterion for the determination of identities of other groups ("they-concept").

The main part of the study deals with concrete forms and functions of spatial identity. In contrast to the general practice customary up to now in geography, the author explicitly includes those interrelationships that affect the *personal existence* of human beings. Thus the significance of spatial identity for human individuals forms a major point of discussion. Regarding the theory of self-referential systems and the theory of needs, the author tries to demonstrate that the functional utility of space-related identity consists in its contribution to the development and maintenance of the personal unity of human individuals. In this respect, we may distinguish four groups of functional effects (security, activity/stimulation, social interaction/symbolism, and identification/individuation) which, in their interrelationships, contribute to the self-maintenance of the individual and to the development of the ego-identity of human beings. In order to support and substantiate the connections dealt with, the author considers various theories and results of cognitive and environmental psychology, sociology, psychiatry, and depression research.

On the level of social systems too, the meaning of space-related identity may be described as a functional contribution that serves the maintenance of the system and the integration of the various single elements into the superordinate overall interrelationship of the system. Some of the domains referred to may be interpreted using role theory. Generally speaking, the functional utility of space-related identity within the system may be seen in its contribution to the integration, stabilization and maintenance of the temporal consistency of social systems.

With regard to the systems level, we may distinguish three main groups of functional contributions that may be considered as social complements of the functions on the personal level. First of all, space-related identity represents a background of reference and of orientation for communication and social interaction. Due to this contextualization, which forms a common background of experience for participation in social life, space-related identity contributes to security in behavior and interaction as well as to the realisation of mutual expectations of the participants in social processes. At the same time social stimulation is produced. Secondly, space-related identity contributes to the communication and presentation of personal and social identity. The third and most important contribution of space-related identity on the systems level may be seen in its effects of social cohesion and integration. In the context of everyday experience, social phenomena may appear as socio-*spatial* facts to the members of social units by way of physico-spatial projections. In the course of the development of space-related identity, specific forms of social systems are constituted which the members feel attached to and for which we find evidence of group cohesion and group loyalty.

From the results of research on social networks and on social interaction we can deduce that generally this is *not* a question of primary groups with an inner orientation of real interactions and self-centered social contacts, but of *symbolic groups or symbolic communities* on the basis of spatial lifeworld interrelationships. Non-committal, ceremonial relations of usually little emotional depth are characteristic of the units of these social systems. Their members perceive them as spatially delimitable communities defined by symbolic group bindings that manifest themselves as group loyalty. At the same time the participation in these symbolic groups involves specific social roles that are attributed to the members. The group cohesion resulting from space-related identity on the one hand conveys a feeling of emotional security because of the perceived membership of a larger social whole. On the other hand, the emotional ties of the individual member remain at a very low level due to the primarily symbolic character of the relations.

One chapter is dedicated to problems of scale. The author assumes that the cognitive as well as the self- and "we/they"-related aspects of space-related identity are equally orientated on a continuum of scale ranging from personal space to national and supranational entities and that the aspects are focussed on the various scales depending on the specific context of action and situation. Seen from the perspective of the individual, however, the local level turns out to be the principal dimension of reference. The experience gained on this level of space-related identity may be transferred to other objects of reference on different scales by means of generalisations based on similarities. In the last chapter some questions of methodology and research politics are discussed.

The author realizes that his attempt to relate various and in part hardly compatible theories with each other is far from resulting in a consistent and unified theoretical whole. Nevertheless, he is confident that the perception of the various unbridged interfaces and discontinuities between the elements of theory used will contribute not only in arousing critical opposition, but will also stimulate others to identify problematic areas for future research projects.

10. LITERATURVERZEICHNIS

Abramson, H.J., 1976, On the Sociology of Ethnicity and Social Change: A Model of Rootedness and Rootlessness. - In: Economic and Social Review 8, S. 43-59.

Albrecht, G., 1982, Theorien der Raumbezogenheit sozialer Probleme. - In: L.A. Vaskovics, (Hrsg.), Raumbezogenheit sozialer Probleme. - Opladen, (=Beiträge zur sozialwissenschaftlichen Forschung 35), S. 19-57.

Alderfer, C.P., 1972, Existence, Relatedness and Growth. Human Needs in Organisational Settings. - New York und London.

Allesch, C.G., 1987, Erfahren und Darstellen. Die Bedeutung des polyästhetischen Gedankens aus kulturpsychologischer Sicht. - In: C.G. Allesch und P.M. Krakauer, (Hrsg.), Polyaisthesis. Festschrift für Wolfgang Roscher zum 60. Geburtstag. - Wien, S. 64-72.

Allesch, C.G., 1989, Aufklärung (k)eine Sache des Herzens? Über die Rolle des Gefühls beim Gebrauch des Verstandes. - In: A. Grabner-Haider und K. Weinke, (Hrsg.), Angst vor der Vernunft? Fundamentalismus in Gesellschaft, Politik und Religion. - Graz, S. 97-116.

Altman, I. und B. Rogoff, 1987, World Views in Psychology: Trait, Interactional, Organismic, and Transactional Perspectives. - In: D. Stokols und I. Altman, (Hrsg.), Handbook of Environmental Psychology, Vol. 1. - New York u.a., S. 7-40.

Appleyard, D., 1979, The Environment as a Social Symbol. - In: Ecistics 278, S. 272-281.

Arensberg, C.M., 1974, Soziologie der Gemeinde. I. Die Gemeinde als Objekt und als Paradigma. - In: R. König, (Hrsg.), Handbuch der empirischen Sozialforschung. Bd. 4: Komplexe Forschungsansätze. - Stuttgart, 3. Aufl., (=dtv Wissenschaftliche Reihe 4239), S. 82-116.

Aring, J. et al., 1989, "...daß die Wahrnehmung wichtiger ist als die Realität"? Zur Krisenbewältigung und Regionalentwicklung im Ruhrgebiet. - In: Berichte zur deutschen Landeskunde 63, S. 513-536.

Aronoff, J. und J.P. Wilson, 1985, Personality in the Social Process. - Hillsdale, N.J. und London.

Aschauer, W., 1990, Zum Nutzen von "Ethnizität" und "Regional-" oder "Heimatbewußtsein" als Erklärungskategorien geographischer Theoriebildung. Ein kritischer Beitrag zur laufenden Diskussion über Heimat und Regionalbewußtsein in den Sozialwissenschaften. - Wien, (=Kritische Geographie 7).

Bahrenberg, G., 1987, Unsinn und Sinn des Regionalismus in der Geographie. - In: Geographische Zeitschrift 75, S. 150-160.

Barker, R.G., 1968, Ecological Psychology. Concepts and Methods for Studying the Environment of Human Behavior. - Stanford, CA.

Bartels, D., 1968, Zur wissenschaftstheoretischen Grundlegung einer Geographie des Menschen. - Wiesbaden, (=Erdkundliches Wissen, H. 19).
Bartels, D., 1974, Schwierigkeiten mit dem Raumbegriff in der Geographie. - In: Zur Theorie in der Geographie. Bericht des Methodik-Symposiums der Geographie vom 21./22.2.74 in Zürich. - Zürich, (=Geographica Helvetica, Beiheft zu Nr. 2/3, 74), S. 7-21.
Bartels, D., 1981, Menschliche Territorialität und Aufgabe der Heimatkunde. - In: W. Riedel, (Hrsg.), Heimatbewußtsein. Erfahrungen und Gedanken. Beiträge zur Theoriebildung. - Husum, S. 7-13.
Bartels, D., 1984, Lebensraum Norddeutschland? Eine engagierte Geographie. - In: D. Bartels et al., Lebensraum Norddeutschland. - Kiel, S. 1-31.
Bassand, M., (Hrsg.), 1981, L'identité régionale. Regionale Identität. - Saint-Saphorin, (=NFP "Regionalprobleme" des Schweizerischen Nationalfonds, Reihe "Thema-Hefte" der Programmleitung).
Baudrillard, J., 1986, Subjekt und Objekt: fraktal. - Bern.
Baumann, U., 1987, Zur Konstruktvalidität der Konstrukte Soziales Netzwerk und Soziale Unterstützung. Editorial. - In: Zeitschrift für Klinische Psychologie 16, S. 305-310.
Baumann, U. et al., 1987, Deutschsprachige Untersuchungsverfahren zum Sozialen Netzwerk und zur Sozialen Unterstützung: Vorbemerkungen zu den Einzeldarstellungen. Kurzbericht. - In: Zeitschrift für Klinische Psychologie 16, S. 420-426.
Bausinger, H., 1983, Auf dem Wege zu einem neuen, aktiven Heimatverständnis. Begriffsgeschichte als Problemgeschichte. - In: Der Bürger im Staat 33, S. 211-216.
Beck, U., 1983, Jenseits von Stand und Klasse? Soziale Ungleichheiten, gesellschaftliche Individualisierungsprozesse und die Entstehung neuer sozialer Formationen und Identitäten. - In: R. Kreckel, (Hrsg.), Soziale Ungleichheiten. - Göttingen, (=Soziale Welt, Sonderband 2), S. 35-74.
Beck, U., 1986, Risikogesellschaft. Auf dem Weg in eine andere Moderne. - Frankfurt a.M., (=edition suhrkamp, Neue Folge 365).
Becker, H. und K.D. Keim, 1978, Wahrnehmung in der städtischen Umwelt - möglicher Impuls für kollektives Handeln. 4. Aufl. - Berlin.
Becker, H., J. Eigenbrodt und M. May, 1983, Cliquen und Raum. Zur Konstituierung von Sozialräumen bei unterschiedlichen sozialen Milieus von Jugendlichen. - In: F. Neidhardt, (Hrsg.), Gruppensoziologie. Perspektiven und Materialien. - Opladen, (=Kölner Zeitschrift für Soziologie und Sozialpsychologie, Sonderheft 25), S. 451-481.
Bellmann, G., 1985, Substandard als Regionalsprache. - In: G. Stötzel, (Hrsg.), Germanistik - Forschungsstand und Perspektiven. Vorträge des deutschen Germanistentages 1984. Teil 1. - Berlin und New York, S. 211-218.

Berndt, H., A. Lorenzer und K. Horn, 1968, Architektur als Ideologie. - Frankfurt a. M., (=edition suhrkamp 243).

Berger, P.L. und T. Luckmann, 1971, Die gesellschaftliche Konstruktion der Wirklichkeit. Eine Theorie der Wissenssoziologie. Mit einer Einleitung zur deutschen Ausgabe von Helmuth Plessner. - Stuttgart, (=Conditio humana).

Biel, A., 1982, Children's Spatial Representation of Their Neighbourhood: A Step towards a General Spatial Competence. - In: Journal of Environmental Psychology 2, S. 193-200.

Blöschl, L., 1987, Soziales Netzwerk/Soziale Unterstützung, Lebensbelastung und Befindlichkeit. Eine Standortbestimmung aus psychologischer Sicht. - In: Zeitschrift für Klinische Psychologie 16, S. 311-320.

Blotevogel, H.H., G. Heinritz und H. Popp, 1986, Regionalbewußtsein. Bemerkungen zum Leitbegriff einer Tagung. - In: Berichte zur deutschen Landeskunde 60, S. 103-114.

Blotevogel, H.H., G. Heinritz und H. Popp, 1987, Regionalbewußtsein - Überlegungen zu einer geographisch-landeskundlichen Forschungsinitiative. - In: Informationen zur Raumentwicklung, Heft 7/8, S. 409-418.

Blotevogel, H.H., G. Heinritz und H. Popp, 1989, "Regionalbewußtsein". Zum Stand der Diskussion um einen Stein des Anstoßes. - In: Geographische Zeitschrift 77, S. 65-88.

Bobek, H., 1962, Kann die Sozialgeographie in der Wirtschaftsgeographie aufgehen? - In: Erdkunde 16, S. 119-126.

Boesch, E.E., 1983, Die Kulturbedingtheit des Menschen. - In: P. Gordan, (Hrsg.), Mensch-Werden, Mensch-Sein. - Graz, Wien und Köln, S. 339-369.

Boesch, E.E., 1990, Symbolic Action Theory for Cultural Psychology (provisional draft). - In Druck.

Boissevain, J., 1974, Friends of Friends. Networks, Manipulators and Coalitions. - Oxford, (=Pavilion Series).

Bollnow, O., 1963, Mensch und Raum. - Stuttgart u.a.

Bredow, W.v. und H.-F. Foltin, 1981, Zwiespältige Zufluchten. Zur Renaissance des Heimatgefühls. - Berlin und Bonn.

Brepohl, W., 1952/53, Die Heimat als Beziehungsfeld. Entwurf einer soziologischen Theorie der Heimat. - In: Soziale Welt 4, S. 12-22.

Brower, S.N., 1980, Territory in Urban Settings. - In: I. Altman, A. Rapoport und J.F. Wohlwill, (Hrsg.), Environment and Culture. - New York und London, (=Human Behavior and Environment. Advances in Theory and Research 4), S. 179-241.

Brown, B.B. und C.M. Werner, 1985, Social Cohesiveness, Territoriality, and Holiday Decorations: The Influence of Cul-de-Sacs. - In: Environment and Behavior 17, S. 539-565.

Büschges, G., 1989, Individualismus, methodologischer. - In: G. Endruweit und G. Trommsdorff, (Hrsg.), Wörterbuch der Soziologie, Bd. 2. - Stuttgart, S. 289-230.

Buttimer, A., 1980, Home, Reach and the Sense of Place. - In: A. Buttimer und D. Seamon, (Hrsg.), The Human Experience of Space and Place. - London, S. 167-187.

Canetti, E., 1979, Die gerettete Zunge. - Frankfurt.

Chombart de Lauwe, P.-H., 1977, Aneignung, Eigentum, Enteignung. Sozialpsychologie der Raumaneignung und Prozesse der gesellschaftlichen Veränderung. - In: Arch + 34, S. 2-6.

Coles, R., 1970, Uprooted Children. - Pittsburgh, Pa.

Commandeur, C. und H. Nokielski, 1979, Kommunikationsbedürfnisse in Einkaufssituationen. - In: K.M. Meyer-Abich und D. Birnbacher, (Hrsg.), Was braucht der Mensch, um glücklich zu sein. Bedürfnisforschung und Konsumkritik. - München, (=Beck'sche Schwarze Reihe, Bd. 204), S. 159-170.

Cooley, C.H., 1902, Human Nature and the Social Order. - New York.

Cooper, C., 1974, The House as Symbol of the Self.- In: J. Lang et al., (Hrsg.), Designing for Human Behavior: Architecture and the Behavioral Sciences. - Stroudsburg, Pa., (=Community Development Series 6), S. 130-146.

Csikszentmihalyi, M. und E. Rochberg-Halton, 1981, The Meaning of Things. Domestic Symbols and the Self. - Cambridge u.a.

* Dittmar, N. und P. Schlobinski, 1985, Die Bedeutung von sozialen Netzwerken für die Erforschung von Ortssprachen. - In: W. Besch und K.J. Mattheier, (Hrsg.), Ortssprachenforschung. Beiträge zu einem Bonner Kolloquium. - Berlin, (=Schriften der Abteilung für Sprachforschung des Instituts für geschichtliche Landeskunde der Rheinlande, Universität Bonn), S. 158-188.

Dovey, K., 1985, Home and Homelessness. - In: I. Altman und C.M. Werner, (Hrsg.), Home Environments. - New York und London, (=Human Behavior and Environment. Advances in Theory and Research 8), S. 33-64.

Duncan, J.S., 1973, Landscape Taste as a Symbol of Group Identity. - In: Geographical Review 63, S. 335-355.

Duncan, J.S., (Hrsg.), 1981, Housing and Identity. Cross-Cultural Perspectives.- London.

* Duncan, J.S., 1985, The House as Symbol of Social Structure. Notes on the Language of Objects among Collectivistic Groups. - In: I. Altman und C.M. Werner, (Hrsg.), Home Environments. - New York und London, (=Human Behavior and Environment. Advances in Theory and Research 8), S. 133-151.

Eco, U., 1977, Zeichen. Einführung in einen Begriff und seine Geschichte. - Frankfurt a. M., (=edition suhrkamp 895).

Ender, B., 1988, Gebaute Umwelt und Identität. Wahrnehmungsgeographische Untersuchung zur Bebauung, dargestellt am Beispiel Marktzeuln. - (Bamberg, unveröffentlichte Diplomarbeit am Geographischen Institut der Universität Bamberg).
Erikson, E.H., 1968, Identity: Youth and Crisis. - New York.
Erikson, E.H., 1973, Identität und Lebenszyklus. Drei Aufsätze, übersetzt von Käte Hügel. - Frankfurt, (=suhrkamp taschenbuch wissenschaft 16).
Eßer, P., 1983, Dialekt und Identität. Diglottale Sozialisation und Identitätsbildung. - Frankfurt a. M. und Bern, (=Europäische Hochschulschriften, Reihe XI Pädagogik, Bd. 138).
Fichtner, U., 1988, Regionale Identität am Südlichen Oberrhein - zur Leistungsfähigkeit eines verhaltenstheoretischen Ansatzes. - In: Berichte zur deutschen Landeskunde 62, S. 109-139.
Firey, W., 1945, Sentiment and Symbolism as Ecological Variables. - In: American Sociological Review 10, S. 140-148.
Fischer, C.S. et al., 1977, Networks and Places. Social Relations in the Urban Setting. - New York und London.
Fischer, M. und U. Fischer, 1981, Wohnortwechsel und Verlust der Ortsidentität als nicht-normative Lebenskrisen. - In: S.-H. Filipp, (Hrsg.), Kritische Lebensereignisse. - München, Wien und Baltimore, (=U&S Psychologie), S. 139-153.
Frey, H.-P. und K. Haußer, 1987, Entwicklungslinien sozialwissenschaftlicher Identitätsforschung. - In: H.-P. Frey und K. Haußer, (Hrsg.), Identität. Entwicklungslinien psychologischer und soziologischer Forschung. - Stuttgart, (=Der Mensch als soziales und personales Wesen 7), S. 3-26.
Fried, M., 1963, Grieving for a Lost Home. - In: L.J. Duhl, (Hrsg.), The Urban Condition. People and Policy in the Metropolis. - New York und London, S. 151-171.
Fried, M. und P. Gleicher, 1961, Some Sources of Residential Satisfaction in an Urban Slum. - In: Journal of the American Institute of Planners 27, S. 305-315.
Fuhrer, U., 1990, Bridging the Ecological-Psychological Gap. Behavior Settings as Interfaces. - In: Environment and Behavior, 22, S. 518-537.
Gans, H.J., 1979, Symbolic Ethnicity: The Future of Ethnic Groups and Cultures in America. - In: Ethnic and Racial Studies 2, S. 1-20.
Ganser, K., 1970, Image als entwicklungsbestimmendes Steuerungsinstrument. - In: Stadtbauwelt 26, S. 104-108.
Gasselsberger, K., 1982, Depressionsfördernde soziale und territoriale Faktoren von Heimwehreaktionen. - In: Zeitschrift für Klinische Psychologie. Forschung und Praxis 11, S. 186-200.
Gerdes, D., 1987, Regionalismus und Politikwissenschaft: Zur Wiederentdeckung von "Territorialität" als innenpolitischer Konfliktdimension. - In: Geographische Rundschau 39, S. 526-531.

Geser, H., 1981, Einleitung: Der "ethnische Faktor" im Prozeß gesellschaftlicher Modernisierung. - In: Schweizerische Zeitschrift für Soziologie 7, S. 165-178.

Gibson, J.J., 1977, The Theory of Affordances. - In: R. Shaw und J. Bransford, (Hrsg.), Perceiving, Acting and Knowing. Toward an Ecological Psychology. - New York u.a., S. 67-82.

Gibson, J.J., 1979, The Ecological Approach to Visual Perception. - Boston.

Giddens, A., 1984, The Constitution of Society. Outline of the Theory of Structuration. - Cambridge und Oxford.

Giddens, A., 1988, Die Konstitution der Gesellschaft. Grundzüge einer Theorie der Strukturierung. Mit einer Einführung von Hans Joas. - Frankfurt und New York, (=Theorie und Gesellschaft, Bd. 1).

Gifford, R., 1987, Environmental Psychology. Principles and Practice. - Boston u.a.

Gildemeister, R. und G. Robert, 1987, Identität als Gegenstand und Ziel psychosozialer Arbeit. - In: H.-P. Frey und K. Haußer, (Hrsg.), Identität. Entwicklungen psychologischer und soziologischer Forschung. - Stuttgart, (=Der Mensch als soziales und personales Wesen 7), S. 219-232.

Giordano, C., 1981, Ethnizität: Soziale Bewegung oder Identitätsmanagement? - In: Schweizerische Zeitschrift für Soziologie 7, S. 179-198.

Godkin, M.A., 1980, Identity and Place: Clinical Applications Based on Notions of Rootedness and Uprootedness. - In: A. Buttimer und D. Seamon, (Hrsg.), The Human Experience of Space and Place. - London, S. 73-85.

Gold, J.R., 1982, Territoriality and Human Spatial Behaviour. - In: Progress in Human Geography 6, S. 44-67.

Golledge, R.G. und A.N. Spector, 1978, Comprehending the Urban Environment: Theory and Practice. - In: Geographical Analysis 10, S. 403-426.

Golledge, R.G. et al., 1985, A Conceptual Model and Empirical Analysis of Children's Acquisition of Spatial Knowledge. - In: Journal of Environmental Psychology 5, S. 125-152.

Göschel, A., 1984, Lokale Identität als Element der Stadtentwicklung - Pilotstudie (1982.13) im Auftrag des Bundesministers für Raumordnung, Bauwesen und Städtebau. Endbericht. - Göttingen.

Graumann, C.F., 1983, On Multiple Identities. - In: International Social Science Journal 35, 96, S. 309-321.

Gregory, D. und J. Urry, 1985, Introduction. - In: D. Gregory und J. Urry, (Hrsg.), Social Relations and Spatial Structures. - Houndmills u.a., (=Critical Human Geography), S. 1-8.

Greverus, I.-M., 1972, Der territoriale Mensch. Ein literaturanthropologischer Versuch zum Heimatphänomen. - Frankfurt/Main.

Greverus, I.-M., 1979, Auf der Suche nach Heimat. - München, (=Beck'sche Schwarze Reihe 189).

Greverus, I.-M., 1981, Ethnizität und Identitätsmanagement. - In: Schweizerische Zeitschrift für Soziologie 7, S. 223-232.

Griese, H., B. Nikles und C. Rülcker, (Hrsg.), 1977, Soziale Rolle. Zur Vermittlung von Individuum und Gesellschaft. Ein soziologisches Studien- und Arbeitsbuch. - Opladen, (=UTB 654).

Gutmann, R., 1983, "Bürgernähe" als neues Handlungsmuster lokaler Politik am Beispiel der Stadt Salzburg - unter besonderer Berücksichtigung von "Bürgerbeteiligung" an kommunalen Planungsprozessen. - Salzburg, g.w. Dissertation (Masch.), 7 und 430 S., Anhang.

Halbwachs, M., 1967, Das kollektive Gedächtnis. Mit einem Geleitwort von Prof. Dr. H. Maus, Marburg/L. - Stuttgart.

Hamm, B., 1973, Betrifft: Nachbarschaft. Verständigung über Inhalt und Gebrauch eines vieldeutigen Begriffs. - Düsseldorf, (=Bauwelt Fundamente, Soziologie/Urbanistik 40).

Hamm, B., 1989, Raum, sozialer. - In: G. Endruweit und G. Trommsdorff, (Hrsg.), Wörterbuch der Soziologie, Bd. 2. - Stuttgart, S. 524.

Hard, G., 1966, Zur Mundartgeographie. Ergebnisse, Methoden, Perspektiven. - Düsseldorf, (=Beihefte zur Zeitschrift "Wirkendes Wort" 17).

Hard, G., 1987 a, "Bewußtseinsräume". Interpretationen zu geographischen Versuchen, regionales Bewußtsein zu erforschen. - In: Geographische Zeitschrift 75, S. 127-148.

Hard, G., 1987 b, Das Regionalbewußtsein im Spiegel der regionalistischen Utopie. - In: Informationen zur Raumentwicklung, Heft 7/8, S. 419-440.

Hard, G., 1987 c, Auf der Suche nach dem verlorenen Raum. - In: M.M. Fischer und M. Sauberer, (Hrsg.), Gesellschaft - Wirtschaft - Raum. Beiträge zur modernen Wirtschafts- und Sozialgeographie. Festschrift für Karl Stiglbauer. - Wien, (=Mitteilungen des Arbeitskreises für Neue Methoden in der Regionalforschung 17), S. 24-38.

Hard, G., 1989, Geographie als Spurenlesen. Eine Möglichkeit, den Sinn und die Grenzen der Geographie zu formulieren. - In: Zeitschrift für Wirtschaftsgeographie 33, S. 2-11.

Hard, G. und R. Scherr, 1976, Mental maps, Ortsteilimage und Wohnstandortwahl in einem Dorf der Pellenz. - In: Berichte zur deutschen Landeskunde 50, S. 175-220.

Harré, R., 1983, Personal Being. A Theory for Individual Psychology. - Oxford.

Harvey, J.H., (Hrsg.), 1981, Cognition, Social Behavior and the Environment. - Hillsdale, New Jersey.

Hasse, J., 1985, Welchen Sinn hat Heimat? - In: Geographie und ihre Didaktik 13, S. 7-15 und S. 75-85.

Hasse, J., 1988 a, "Regionale Identität". Zur Reichweite verschiedener wissenschaftstheoretischer Zugriffe auf ein zwiespältiges Phänomen. - In: E. Aufhauser und R. Giffinger, (Hrsg.), Perspektiven regionalwissenschaftlicher Forschung. Beiträge zur 2. Tagung für Regionalforschung und Geographie. Neuberg an der Mürz, 2.-4. April 1987. - Wien, (=Mitteilungen des Arbeitskreises für Neue Methoden in der Regionalforschung 18), S. 30-38.

Hasse, J., 1988 b, Die räumliche Vergesellschaftung des Menschen in der Postmoderne. - Karlsruhe, (=Karlsruher Manuskripte zur Mathematischen und Theoretischen Wirtschafts- und Sozialgeographie 91).

Hasse, J., 1989, Sozialgeographie an der Schwelle zur Postmoderne. Für eine ganzheitliche Sicht jenseits wissenschaftstheoretischer Fixierungen. - In: Zeitschrift für Wirtschaftsgeographie 33, S. 20-29.

Hayward, D.G., 1975, Home as an Environmental and Psychological Concept. - In: Landscape 20, S. 2-9.

Heil, K., 1971, Kommunikation und Entfremdung. Menschen am Stadtrand - Legende und Wirklichkeit. Eine vergleichende Studie in einem Altbauquartier und in einer neuen Großsiedlung in München. - Stuttgart und Bern, (=Beiträge zur Umweltplanung).

Henrich, D., 1979, "Identität" - Begriffe, Probleme, Grenzen. - In: O. Marquard und K. Stierle, (Hrsg.), Identität. - München, (=Poetik und Hermeneutik, Arbeitsergebnisse einer Forschungsgruppe VIII), S. 133-186.

Herlyn, U., 1988, Individualisierungsprozesse im Lebenslauf und städtische Lebenswelt. - In: J. Friedrichs, (Hrsg.), Soziologische Stadtforschung. - Opladen, (=Kölner Zeitschrift für Soziologie und Sozialpsychologie, Sonderheft 29), S. 111-131.

Heymann, T., 1989, Komplexität und Kontextualität des Sozialraumes. - Stuttgart, (=Erdkundliches Wissen, H. 95).

Hillier, B. und J. Hanson, 1984, The Social Logic of Space. - Cambridge u.a.

Hofmann, E., 1963, Sprachsoziologische Untersuchungen über den Einfluß der Stadtsprache auf mundartsprechende Arbeiter. - In: Marburger Universitätsbund, Jahrbuch 1963. - Marburg, S. 201-281.

Holling, E. und P. Kempin, 1989, Identität, Geist und Maschine. Auf dem Weg zur technologischen Zivilisation. - Reinbek bei Hamburg, (=rowohlts enzyklopädie 499).

Holtmann, E., 1988, Diskussionsbemerkung zur Fachsitzung "Regionalbewußtsein und Regionalismus in Mitteleuropa". - In: H. Becker und W.-D. Hütteroth, (Hrsg.), 46. Deutscher Geographentag München, 12. bis 16. Oktober 1987. Tagungsbericht und wissenschaftliche Abhandlungen. - Stuttgart, (=Verhandlungen des Deutschen Geographentages 46), S. 213.

Hradil, S., 1987, Sozialstrukturanalyse in einer fortgeschrittenen Gesellschaft. Von Klassen und Schichten zu Lagen und Milieus. - Opladen.

Hunter, A., 1974, Symbolic Communities. The Persistence and Change of Chicago's Local Communities. With a Foreword by Morris Janowitz. - Chicago und London, (=Studies of Urban Society).

Hunter, A., 1987, The Symbolic Ecology of Suburbia. - In: I. Altman und A. Wandersman, (Hrsg.), Neighborhood and Community Environments. - New York und London, (=Human Behavior and Environment. Advances in Theory and Research 9), S. 191-221.

Ittelson, W.H., 1978, Environmental Perception and Urban Experience. - In: Environment and Behavior 10, S. 193-213.

Jeggle, U., 1981, Lebensgeschichte und Herkunft. - In: F. Maurer, (Hrsg.), Lebensgeschichte und Identität. Beiträge zu einer biographischen Anthropologie. - Frankfurt a.M., (=Fischer Taschenbuch), S. 11-30.

Josefson, I., 1991, On Science and Knowledge. - In: D. Steiner, C. Jaeger und M. Nauser, (Hrsg.), Person, Society, Environment. Fragments of Antifragmentary Views of the World, in Druck.

Kähler, H.D., 1975, Das Konzept des sozialen Netzwerks: Eine Einführung in die Literatur. - In: Zeitschrift für Soziologie 4, S. 283-290.

Kaplan, R., 1973, Some Psychological Benefits of Gardening. - In: Environment and Behavior 5, S. 145-162.

Kappelhoff, P., 1989, Netzwerk. - In: G. Endruweit und G. Trommsdorff, (Hrsg.), Wörterbuch der Soziologie. Bd. 2. - Stuttgart, S. 465-467.

Keller, S., 1968, The Urban Neighborhood: A Sociological Perspective. - New York und Toronto, (=Studies in Sociology).

Kemper, F.-J., 1980, Aktionsräumliche Analyse der Sozialkontakte einer städtischen Bevölkerung. - In: Geographische Zeitschrift 68, S. 199-222.

Kemper, P., (Hrsg.), 1988, "Postmoderne" oder Der Kampf um die Zukunft. Die Kontroverse in Wissenschaft, Kunst und Gesellschaft. - Frankfurt a.M., (=Fischer Taschenbuch 6638).

Kerscher, U., 1987, Regionalbewußtsein im Pfaffenwinkel. - (München, unveröffentlichte Diplomarbeit am Geographischen Institut der TU München).

Kerscher, U., 1989, Regionalbewußtsein im Pfaffenwinkel. Faktischer Alltagsbezug oder Artefakt? - In: Berichte zur deutschen Landeskunde 63, S. 79-108.

Klages, H., 1968, Der Nachbarschaftsgedanke und die nachbarliche Wirklichkeit in der Großstadt. - Stuttgart u.a., (=Schriftenreihe des Vereins für Kommunalwissenschaften e.V. Berlin 20).

Kleining, G., 1961, Über soziale Images. - In: R. König, (Hrsg.), Soziale Schichtung und Mobilität. - Köln, (=Kölner Zeitschrift für Soziologie und Sozialpsychologie, Sonderheft 5), S. 145-170.

Klima, A., 1988, Das Allgäu - Die räumliche Ausweitung eines Landschaftsbegriffs und seine gegenwärtige Abbildung im Regionalbewußtsein einer heimattragenden Elite. - (München, unveröffentlichte Diplomarbeit am Geographischen Institut der TU München).

Klüter, H., 1986, Raum als Element sozialer Kommunikation. - Gießen, (=Gießener Geographische Schriften 60).

Kohli, M., 1986, Gesellschaftszeit und Lebenszeit. Der Lebenslauf im Strukturwandel der Moderne. - In: J. Berger, (Hrsg.), Die Moderne - Kontinuitäten und Zäsuren. - Göttingen, (=Soziale Welt, Sonderband 4), S. 183-208.

Konau, E., 1977, Raum und soziales Handeln. Studien zu einer vernachlässigten Dimension soziologischer Theoriebildung. - Stuttgart, (=Göttinger Abhandlungen zur Soziologie 25).

König, R., 1958, Grundformen der Gesellschaft: Die Gemeinde. - Hamburg, (=rowohlts deutsche enzyklopädie 79).

Korosec-Serfaty, P., 1985, Experience and Use of the Dwelling. - In: I. Altman und C.M. Werner, (Hrsg.), Home Environments. - New York und London, (=Human Behavior and Environment. Advances in Theory and Research, Vol. 8), S. 65-86.

Krappmann, L., 1973, Soziologische Dimensionen der Identität. Strukturelle Bedingungen für die Teilnahme an Interaktionsprozessen. 3. Aufl. - Stuttgart.

Kraus, P., 1989, Politischer, wirtschaftlicher und sozialer Hintergrund der Wahrnehmungsräume im Zürcher Oberland. - Zürich, (=Zürcher Geographische Schriften, H. 32).

Krüger, R., 1987, Wie räumlich ist die Heimat - oder: findet sich in Raumstrukturen Lebensqualität? Gedanken zum gesellschaftstheoretischen Diskussionsstand um die "Krise der Moderne" und die Bedeutung der Regionalforschung. - In: Geographische Zeitschrift 75, S. 160-177.

Krüger, R., 1988, Die Geographie auf der Reise in die Postmoderne? - Oldenburg, (=Wahrnehmungsgeographische Studien zur Regionalentwicklung 5).

Kruse, L. und C.F. Graumann, 1978, Sozialpsychologie des Raumes und der Bewegung. - In: K. Hammerich und M. Klein, (Hrsg.), Materialien zur Soziologie des Alltags. - Opladen, (=Kölner Zeitschrift für Soziologie und Sozialpsychologie, Sonderheft 20), S. 177-219.

Lalli, M., 1988 a, Urban Identity. - In: D. Canter et al., (Hrsg.), Environmental Social Psychology. - Dordrecht, S. 303-311.

Lalli, M., 1988 b, Eine Skala zur Erfassung der Identifikation mit der Stadt. Information zum Beitrag für den 36. Kongress der Deutschen Gesellschaft für Psychologie, Berlin, 3.-6.10.1988. - Darmstadt, unveröffentlichtes Manuskript, 9 S.

Lalli, M., 1989, Stadtbezogene Identität. Theoretische Präzisierung und empirische Operationalisierung. - Darmstadt, (=Institut für Psychologie der TH Darmstadt, Berichte 89-1).

Lalli, M., 1990, Ortsbezogene Identität als Forschungsproblem der Psychologie. - In: E. Aufhauser, R. Giffinger und G. Hatz, (Hrsg.), Regionalwissenschaftliche Forschung. Fragestllungen einer empirischen Disziplin. Beiträge zur 3. Tagung für Regionalforschung und Geographie,

Zell am Moos, 12.-15. Oktober 1988. - Wien, (=Mitteilungen des Arbeitskreises für Regionalforschung, Vol. 19), S. 426-438.

Lalli, M. und W. Plöger, 1990, Corporate Identity für Städte. Ergebnisse einer bundesweiten Gesamterhebung. - Darmstadt, (=Institut für Psychologie der TH Darmstadt, Berichte 90-3).

Lang, A., 1988, Die kopernikanische Wende steht in der Psychologie noch aus! Hinweis auf eine ökologische Entwicklungspsychologie. - In: Schweizerische Zeitschrift für Psychologie 47, S. 93-108.

Lang, A., 1991, The "Concrete Mind" Heuristics - Human Identity and Social Compound from Things and Buildings. - In: D. Steiner, C. Jaeger und M. Nauser, (Hrsg.), Person, Society, Environment. Fragments of Antifragmentary Views of the World, in Druck.

Lantermann, E.D., 1983, Kognitive und emotionale Prozesse beim Handeln. - In: H. Mandl und G.L. Huber, (Hrsg.), Emotion und Kognition. - München, S. 248-281.

Lavin, M.W. und F. Agatstein, 1984, Personal Identity and the Imagery of Place: Psychological Issues and Literary Themes. - In: Journal of Mental Imagery 8, S. 51-66.

Lehmann, A., 1978, Ortsbewußtsein und Gebietsreform. Prozeßanalyse am Beispiel einer niedersächsischen Gemeinde. - In: Zeitschrift für Agrargeschichte und Agrarsoziologie 26, S. 51-65.

Leithäuser, T. und B. Volmerg, 1981, Die Entwicklung einer empirischen Forschungsperspektive aus der Theorie des Alltagsbewußtseins. - In: T. Leithäuser et al., (Hrsg.), Entwurf zu einer Empirie des Alltagsbewußtseins. 2. Aufl. - Frankfurt a. Main, (=edition suhrkamp 878), S. 11-159.

Leithäuser, T. et al., (Hrsg.), 1981, Entwurf zu einer Empirie des Alltagsbewußtseins. 2. Aufl. - Frankfurt a. Main, (=edition suhrkamp 878).

Lenk, H., 1977, Struktur- und Verhaltensaspekte in Theorien sozialen Handelns. - In: H. Lenk, (Hrsg.), Handlungstheorien interdisziplinär IV. Sozialwissenschaftliche Handlungstheorien und spezielle systemwissenschaftliche Ansätze. - München, (=Kritische Information 65), S. 157-175.

Lenz-Romeiß, F., 1970, Die Stadt - Heimat oder Durchgangsstation? - München.

Lewin, K., 1926, Vorsatz, Wille und Bedürfnis. - In: Psychologische Forschung 7, S. 294-385.

Linde, H., 1972, Sachdominanz in Sozialstrukturen. - Tübingen.

Lipp, W., (Hrsg.), 1984, Industriegesellschaft und Regionalkultur. Untersuchungen für Europa. - Köln u.a., (=Schriftenreihe der Hochschule für Politik München 6).

Lloyd, R. und C. Heivly, 1987, Systematic Distortions in Urban Cognitive Maps. - In: Annals of the Association of American Geographers 77, S. 191-207.

Lorenzer, A., 1968, Städtebau: Funktionalismus und Sozialmontage? Zur sozialpsychologischen Funktion der Architektur. - In: H. Berndt, A. Lorenzer und K. Horn, Architektur als Ideologie. - Frankfurt a.M., (=edition suhrkamp 243), S. 51-104.

Luckmann, T., 1979, Persönliche Identität, soziale Rolle und Rollendistanz. - In: O. Marquard und K. Stierle, (Hrsg.), Identität. - München, (=Poetik und Hermeneutik, Arbeitsergebnisse einer Forschungsgruppe VIII), S. 293-313.

Luhmann, N., 1985, Soziale Systeme. Grundriß einer allgemeinen Theorie. 2. Aufl. - Frankfurt/M.

Luhmann, N., 1986, Ökologische Kommunikation. Kann die moderne Gesellschaft sich auf ökologische Gefährdungen einstellen? - Opladen.

Lynch, K., 1960, The Image of the City. - Cambridge, Mass.

Mai, U., 1989, Gedanken über räumliche Identität. - In: Zeitschrift für Wirtschaftsgeographie 33, S. 12-19.

Mandl, H. und G.L. Huber, 1983, Theoretische Grundpositionen zum Verhältnis von Emotion und Kognition. In: H. Mandl und G.L. Huber, (Hrsg.), Emotion und Kognition. - München, S. 1-60.

Maslow, A.H., 1954, Motivation and Personality. - New York.

Massey, D., 1985, New Directions in Space. - In: D. Gregory und J. Urry, (Hrsg.), Social Relations and Spatial Structures. - Houndmills u. a., (=Critical Human Geography), S. 9-19.

Mattheier, K.J., 1980, Pragmatik und Soziologie der Dialekte. Einführung in die kommunikative Dialektologie des Deutschen. - Heidelberg, (=UTB 994).

Mattheier, K.J., 1985, Ortsloyalität als Steuerungsfaktor von Sprachgebrauch in örtlichen Sprachgemeinschaften. - In: W. Besch und K.J. Mattheier, (Hrsg.), Ortssprachenforschung. Beiträge zu einem Bonner Kolloquium. - Berlin, (=Schriften der Abteilung für Sprachforschung des Instituts für geschichtliche Landeskunde der Rheinlande), S. 139-157.

Mead, G.H., 1934, Mind, Self, and Society. From the Standpoint of a Social Behaviorist. - Chicago.

Meier-Dallach, H.-P., 1980, Räumliche Identität - Regionalistische Bewegung und Politik. - In: Informationen zur Raumentwicklung, Heft 5, S. 301-313.

Meier-Dallach, H.-P., S. Hohermuth und R. Nef, 1987, Regionalbewußtsein, soziale Schichtung und politische Kultur. Forschungsergebnisse und methodologische Aspekte. - In: Informationen zur Raumentwicklung, Heft 7/8, S. 377-393.

Merton, R.K., 1948, The Social Psychology of Housing. - In: Current Trends in Psychology. - Pittsburgh, Pa., S. 163-217.

Merveldt, D. Graf von, 1971, Großstädtische Kommunikationsmuster. Soziologische Darstellung von Kommunikationsmustern zur Kennzeichnung des Großstädters in seiner Umwelt. - Köln, (=Soziologische Studien, Bd. 1).

Oatley, K., 1987, Editorial: Cognitive Science and the Understanding of Emotions. - In: Cognition and Emotion 1, S. 209-216.

Ortony, A., G.L. Clore und A. Collins, 1988, The Cognitive Structure of Emotions. - Cambridge u.a.

Ottomeyer, K., 1984, Über Identität, Heimat und Ethnozentrismus. - In: Arbeitsgemeinschaft Volksgruppenfrage, (Hrsg.), Zwischen Selbstfindung und Identitätsverlust: Ethnische Minderheiten in Europa. - Wien, S. 15-25.

Oxley, D. et al., 1986, Transactional Qualities of Neighborhood Social Networks. A Case Study of "Christmas Street". - In: Environment and Behavior 18, S. 640-677.

Pankoke, E., 1977, POLIS und REGIO. Sozialräumliche Dimensionen kommunaler Kultur. - In: Sociologia Internationalis 15, S. 31-61.

Pfeil, E., 1963, Zur Kritik der Nachbarschaftsidee. - In: Archiv für Kommunalwissenschaften 2, S. 39-54.

Pieper, R., 1987, Region und Regionalismus. Zur Wiederentdeckung einer räumlichen Kategorie in der soziologischen Theorie. - In: Geographische Rundschau 39, S. 534-539.

Pocock, D. und R. Hudson, 1978, Images of the Urban Environment. - London und Basingstoke, (=Focal Problems in Geography Series).

Polanyi, M., 1962, Personal Knowledge. Towards a Post-Critical Philosophy. 2. Aufl. - London und Henley.

Polanyi, M., 1985, Implizites Wissen. - Frankfurt a. M., (=suhrkamp taschenbuch wissenschaft 543).

Porteous, J.D., 1976, Home: the Territorial Core. - In: Geographical Review 66, S. 383-390.

Pötscher, S., 1989, Das Phänomen Heimat - Ein interdisziplinäres Forschungsfeld. - (Salzburg, unveröffentlichte Diplomarbeit am Geographischen Institut der Universität Salzburg).

Proshansky, H.M., 1978, The City and Self-Identity. - In: Environment and Behavior 10, S. 147-169.

Proshansky, H.M., A.K. Fabian und R. Kaminoff, 1983, Place-identity: Physical World Socialization of the Self. - In: Journal of Environmental Psychology 3, S. 57-83.

Rapoport, A., 1981, Identity and Environment: a Cross-cultural Perspective. - J.S. Duncan, (Hrsg.), Housing and Identity. - London, S. 6-35.

Raub, W. und T. Voss, 1981, Individuelles Handeln und gesellschaftliche Folgen. - Darmstadt und Neuwied.

Reiffenstein, I., 1985, Sprachlicher Konservativismus im sozialen Umbruch. Rollen und soziale Schichten in ihrem Einfluß auf das Sprachhandlungsverhalten in Ortsgemeinschaften. - In: W. Besch und K.J. Mattheier, (Hrsg.), Ortssprachenforschung. Beiträge zu einem Bonner

Kolloquium. - Berlin, (=Schriften der Abteilung für Sprachforschung des Instituts für geschichtliche Landeskunde der Rheinlande), S. 109-122.

Reitzes, D.C., 1985, Downtown Orientations: An Urban Identification Approach. - In: Journal of Urban Affairs 7, S. 29-46.

Reitzes, D.C., 1986, Urban Identification and Downtown Activities: A Social Psychological Approach. - In: Social Psychology Quarterly 49, S. 167-179.

Relph, E., 1976, Place and Placelessness. - London, (=Research in Planning and Design).

Rivlin, L.G., 1982, Group Membership and Place Meanings in an Urban Neighborhood. - In: Journal of Social Issues 38, S. 75-93.

Rivlin, L.G., 1987, The Neighborhood, Personal Identity, and Group Affiliations. - In: I. Altman und A. Wandersman, (Hrsg.), Neighborhood and Community Environments. - New York und London, (=Human Behavior and Environment. Advances in Theory and Research 9), S. 1-34.

Romeiß-Stracke, F., 1984, Freizeitorientierte Wohnumfeldverbesserung und lokale Identität. - In: Handlungsfeld Freizeit. Ausschnitte aus der freizeitpolitischen Problemlandschaft. - Dortmund, (=Schriftenreihe Landes- und Stadtentwicklungsforschung des Landes Nordrhein-Westfalen, Freizeit, Band 5.001), S. 31-62.

Rowley, A., 1985, Dialekte und regionale Kultur - Sprache als Symbol des Ortsbewußtseins. - In: J. Maier, (Hrsg.), Regionales Bewußtsein und regionale Identität als Voraussetzung der Regionalpolitik. Ergebnisse des 5. Praxis-Collegs der Forschungsstelle für Raumanalysen, Regionalpolitik und Verwaltungspraxis an der Universität Bayreuth im Langheimer Amtshof in Kulmbach am 12.Juli 1985. - Bayreuth, (=Arbeitsmaterialien zur Raumordnung und Raumplanung, Heft 43), S. 15-32.

Ryan, E.J., 1963, Personal Identity in an Urban Slum. - In: L.J. Duhl, (Hrsg.), The Urban Condition. People and Policy in the Metropolis. - New York und London, S. 135-150.

Sadalla, E.K., W.J. Burroughs und L.J. Staplin, 1980, Reference Points in Spatial Cognition. - In: Journal of Experimental Psychology: Human Learning and Memory 6, S. 516-528.

Sadalla, E.K., B. Vershure und J. Burroughs, 1987, Identity Symbolism in Housing. - In: Environment and Behavior 19, S. 569-587.

Sarbin, T.R., 1983, Place Identity as a Component of Self: An Addendum. - In: Journal of Environmental Psychology 3, S. 337-342.

Schenk, M., 1984, Soziale Netzwerke und Kommunikation. - Tübingen, (=Heidelberger Sociologica 20).

Schneider, A., 1969, Expressive Verkehrskreise. Eine empirische Untersuchung zu freundschaftlichen und verwandtschaftlichen Beziehungen. - Köln.

Schneider, G., 1986, 13. Psychological Identity of and Identification with Urban Neighbourhoods. - In: D. Frick, (Hrsg.), The Quality of Urban Life. Social, Psychological, and Physical Conditions. - Berlin u. New York, S. 203-218.

✸ Schoggen, P., 1989, Behavior Settings. A Revision and Extension of Roger G. Barker's Ecological Psychology. With a Chapter by Karl A. Fox. - Stanford, CA.

Schöller, P., 1984, Traditionsbezogene räumliche Verbundenheit als Problem der Landeskunde. - In: Berichte zur deutschen Landeskunde 58, S. 31-36.

Schorsch, E., 1986, Fetischismus. - In: C. Müller, (Hrsg.), Lexikon der Psychiatrie. Gesammelte Abhandlungen der gebräuchlichsten psychiatrischen Begriffe. - Berlin u.a., S. 292.

Schrey, H.-H., (Hrsg.), 1975, Entfremdung. - Darmstadt, (=Wege der Forschung, Bd. 437).

Schwonke, M. und U. Herlyn, 1967, Wolfsburg. Soziologische Analyse einer jungen Industriestadt. - Stuttgart, (=Göttinger Abhandlungen zur Soziologie und ihrer Grenzgebiete, Bd. 12).

Siegert, M.T. und M. Chapman, 1987, Identitätstransformationen im Erwachsenenalter. - In: H.P. Frey und K. Haußer, (Hrsg.), Identität. Entwicklungen psychologischer und soziologischer Forschung. - Stuttgart, (=Der Mensch als soziales und personales Wesen 7), S. 139-150.

Sopher, D.E., 1979, The Landscape of Home. Myth, Experience, Social Meaning. - In: D.W. Meining, (Hrsg.), The Interpretation of Ordinary Landscapes. Geographical Essays. - New York und Oxford, S. 129-149.

Steiner, D., 1990, The Human Ecological Significance of Different Types of Knowledge. Preliminary draft of a paper presented at the International Symposium "Human Ecology between Theory and Practice", Bad Herrenalb, BRD, 29.8.-2.9.1990. - Zürich, Unveröffentlichtes Manuskript, 16 Seiten.

Steiner, D., C. Jaeger und M. Nauser, (Hrsg.), 1991, Person, Society, Environment. Fragments of Anti-fragmentary Views of the World, in Druck.

Stellmacher, D., 1977, Studien zur gesprochenen Sprache in Niedersachsen. Eine soziolinguistische Untersuchung. - Marburg.

Stokols, D., 1987, Conceptual Strategies of Environmental Psychology. - In: D. Stokols und I. Altman, (Hrsg.), Handbook of Environmental Psychology. Vol. One. - New York u.a., S. 41-70.

✸ Stokols, D. und I. Altman, (Hrsg.), 1987, Handbook of Environmental Psychology. 2 Bände. - New York u.a.

Stokols, D. und S.A. Shumaker, 1981, People in Places: A Transactional View of Settings. - In: J.H. Harvey, (Hrsg.), Cognition, Social Behavior, and the Environment. - Hillsdale, New Jersey, S. 441-488.

Stone, G.P., 1962, Appearance and the Self. - In: A.M. Rose, (Hrsg.), Human Behavior and Social Processes. An Interactionist Approach. - London,

(=International Library of Sociology and Social Reconstruction), S. 86-118.
Stryker, S., 1980, Symbolic Interactionism. A Social Structural Version. - London u.a., (=The Benjamin/Cummings Series in Contemporary Sociology).
Tenbruck, F. H., 1964, Freundschaft. - In: Kölner Zeitschrift für Soziologie und Sozialpsychologie 16, S. 431-456.
Tessin, W. et al., 1983, Umsetzung und Umsetzungsfolgen in der Stadtsanierung. Die individuellen Auswirkungen erzwungener Mobilität im Rahmen von Sanierungsmaßnahmen am Beispiel der Berliner Stadterneuerung. - Basel, Boston und Stuttgart, (=Stadtforschung aktuell 4).
Thum, K., 1981, II. Soziale Bindungen an das Wohnviertel. - In: E. Bodzenta, I. Speiser und K. Thum, (Hrsg.), Wo sind Großstädter daheim? Studien über Bindungen an das Wohnviertel mit einem Beitrag von R. Richter. - Wien, Köln und Graz, S. 33-108.
Toman, W., 1987, Stichwort "Übertragung". - In: W. Arnold et al., (Hrsg.), Lexikon der Psychologie. Dritter Band Psychodrama - ZZ. - Freiburg, Basel und Wien, dritte Aufl. (=Herderbücherei 1500), Sp. 2384-2386.
Treinen, H., 1965, Symbolische Ortsbezogenheit. Eine soziologische Untersuchung zum Heimatproblem. - In: Kölner Zeitschrift für Soziologie und Sozialpsychologie 17, S. 73-97 und 254-297.
Tuan, Y.-F., 1980, Rootedness versus Sense of Place. - In: Landscape 24, S. 3-8.
Ulich, D., 1982, Das Gefühl. Über die Psychologie der Emotionen. - München.
Van Staden, F., 1984, Transactionism in Person-Environment Theory. - In: South African Journal of Psychology 14, S. 140-143.
Vaskovics, L.A., 1982, Raumbezug sozialer Probleme (zur Einleitung). - In: L.A. Vaskovics, (Hrsg.), Raumbezogenheit sozialer Probleme. - Opladen, (=Beiträge zur sozialwissenschaftlichen Forschung 35), S. 1-17.
Waldenfels, B., 1987, Heimat in der Fremde. - In: Informationen zur Raumentwicklung, Heft 7/8, S. 485-494.
Walter, H., 1981, Region und Sozialisation. Ein neuer Schwerpunkt zur Erforschung der Voraussetzungen menschlicher Entwicklung. - In: H. Walter, (Hrsg), Region und Sozialisation. Beiträge zur sozialökologischen Präzisierung menschlicher Entwicklungsvoraussetzungen. - Stuttgart-Bad Cannstadt, (=problemata 81), S. 1-55.
Wapner, S., 1981, Transactions of Persons-in-Environments: Some Critical Transitions. - In: Journal of Environmental Psychology 1, S. 223-239.
Webber, M.M., 1970, Order in Diversity: Community without Propinquity. - In: R. Gutman und D. Popenoe, (Hrsg.), Neighborhood, City, and Metropolis. - New York, S. 792-811.

Weenig, M.W.H., T. Schmidt und C.J.H. Midden, 1990, Social Dimensions of Neighborhoods and the Effectiveness of Information Programs. - In: Environment and Behavior 22, S. 27-54.
Weichhart, P., 1980, Individuum und Raum: ein vernachlässigter Erkenntnisbereich der Sozialgeographie. - In: Mitteilungen der Geographischen Gesellschaft in München 65, S. 63-92.
Weichhart, P., 1987, Geography as a "Multi-Paradigm Game" - A Pluralistic Discipline in a Pluralistic Post-Industrial Society. - In: H.-W. Windhorst, (Hrsg.), The Role of Geography in a Post-Industrial Society. Proceedings of an International Conference held at Vechta (September 8-12, 1986). - Vechta, (=Vechtaer Arbeiten zur Geographie und Regionalwissenschaft 5), S. 49-54.
Weichhart, P., 1990, Raumbezogene Identität - Ein sinnvoller Forschungsansatz für die Humangeographie? - In: E. Aufhauser, R. Giffinger und G. Hatz, (Hrsg.), Regionalwissenschaftliche Forschung. Fragestellungen einer empirischen Disziplin. Beiträge zur 3. Tagung für Regionalforschung und Geographie. Zell am Moos, 12.-15. Oktober 1988. - Wien, (=Mitteilungen des Arbeitskreises für Regionalforschung, Vol. 19), S. 371-378.
Weichhart, P., 1991, How Does the Person Fit into the Human Ecological Triangle? From Dualism to Duality: The Transactional World View. - In: D. Steiner, C. Jaeger und M. Nauser, (Hrsg.), Person, Society, Environment. Fragments of Anti-fragmentary Views of the World, in Druck.
Weichhart, P. und N. Weixlbaumer, 1988, Lebensqualität und Stadtteilsbewußtsein in Lehen - ein stigmatisiertes Salzburger Stadtviertel im Urteil seiner Bewohner. - In: H. Riedl (Hrsg.), Beiträge zur Geographie von Salzburg. Zum 25-jährigen Bestehen des Institutes für Geographie der Universität Salzburg und zum 21. Deutschen Schulgeographentag in Salzburg. - Salzburg, (=Salzburger Geographische Arbeiten 17), S. 271-310.
Weichhart, P. und N. Weixlbaumer, 1990, Partizipative Planung auf der Stadtteilebene. Nutzerspezifische Problemsichten am Beispiel kulturbezogener Infrastruktur in Lehen (Salzburg). - In: Berichte zur deutschen Landeskunde 64, S. 105-130.
Wellman, B., 1978/79, The Community Question: The Intimate Networks of East Yorkers. - In: American Journal of Sociology 84, S. 1201-1231.
Werlen, B., 1987, Gesellschaft, Handlung und Raum. Grundlagen handlungstheoretischer Sozialgeographie. - Stuttgart, (=Erdkundliches Wissen, H. 89).
Werlen, B., 1989, Regionale oder kulturelle Identität? Skizze einer kulturzentrierten Regionalforschung. - o.O., unveröffentlichtes Manuskript, 15. S.

Werner, C.M., I. Altman und D. Oxley, 1985, Temporal Aspects of Homes: A Transactional Perspective. - In: I. Altman und C.M. Werner, (Hrsg.), Home Environments. - New York und London, (=Human Behavior and Environment. Advances in Theory and Research, Vol. 8), S. 1-32.

Winter, G. und S. Church, 1984, Ortsidentität, Umweltbewußtsein und kommunalpolitisches Handeln. In: H. Moser und S. Preiser, (Hrsg.), Umweltprobleme und Arbeitslosigkeit. - Weinheim, S. 78-93.

Wirth, E., 1979, Theoretische Geographie. Grundzüge einer Theoretischen Kulturgeographie. - Stuttgart, (=Teubner Studienbücher Geographie).

Wirth, E., 1981, Kritische Anmerkungen zu den wahrnehmungszentrierten Forschungsansätzen in der Geographie. Umweltpsychologisch fundierter "behavioural approach" oder Sozialgeographie auf der Basis moderner Handlungstheorien? - In: Geographische Zeitschrift 69, S. 161-198.

Wirth, E., 1987, Franken gegen Bayern - ein nur vom Bildungsbürgertum geschürter Konflikt? Aspekte regionalen Zugehörigkeitsbewußtseins auf der Mesoebene. - In: Berichte zur deutschen Landeskunde 61, S. 271-297.

Wirth, E., 1988, Diskussionsbemerkung zur Fachsitzung "Regionalbewußtsein und Regionalismus in Mitteleuropa". - In: H. Becker und W.-D. Hütteroth, (Hrsg.), 46. Deutscher Geographentag München, 12. bis 16. Oktober 1987. Tagungsbericht und wissenschaftliche Abhandlungen. - Stuttgart, (=Verhandlungen des Deutschen Geographentages 46), S. 213.

Wolfensberger, H., 1967. Mundartwandel im 20. Jahrhundert. - Frauenfeld.

Zavalloni, M., 1975, Social Identity and the Recoding of Reality: Its Relevance for Cross-Cultural Psychology. - In: International Journal of Psychology 10, S. 197-217.

Zelinsky, W., 1980, North America's Vernacular Regions. - In: Annals of the Association of American Geographers 70, S. 1-16.